!! হরি ওম তৎ সৎ!!

আধ্যাত্মিকতা -একটি যাত্রা-

(জটিল প্রশ্নের সহজ উত্তর)

প্রথম মুদ্রণ 2024

প্রকাশক:

Notion Press Media Pvt Ltd,

#7, Red Cross Road, Egmore, Chennai, Tamil Nadu

600008, India

Processed & Printed in India

ভারতে প্রক্রিয়াজাত ও মুদ্রিত

আধ্যাত্মিকতা
-একটি যাত্রা-

লেখক

অলোক গাঙ্গুলি

ডিসক্লেইমার(Disclaimer)

বইটিতে প্রদত্ত চিন্তাভাবনা, প্রতিক্রিয়া এবং পরামর্শগুলি কোনও চিকিৎসা পরিষেবার বিকল্প নয়, তাই স্বাস্থ্য সম্পর্কিত যে কোনও বিষয়ে চিকিৎসা পরামর্শকে অগ্রাধিকার দিন। এই বইয়ের মাধ্যমে, প্রকাশক বা লেখক পাঠকদের কোনও পেশাদার পরামর্শ বা নির্দেশনা সরবরাহ করতে চান না।

সমর্পণ

আধ্যাত্মিক অভিজ্ঞতার মাধ্যমে আমাদের মন বিশুদ্ধ, শান্তিময় এবং সুখী হয় এবং আমরা আমাদের জীবনের উদ্দেশ্য, অর্থ খুঁজে পাই। আমি এতদ্বারা আমার আধ্যাত্মিক অভিজ্ঞতা শেয়ার করছি, যা আধ্যাত্মিকতার বিশাল সাগরে মাত্র কয়েক ফোঁটা। আমি এই বইটি সমর্পণ করতে চাই আমার প্রিয় পাঠকদের যারা শারীরিক ও মানসিকভাবে সুস্থ বা যারা সুস্থ থাকতে চান।

আমার লেখায় বা চিন্তায় কোনো ভুলের জন্য আমি ক্ষমাপ্রার্থী, আশা করি আমার পাঠকরা আমাকে ক্ষমা করবেন।

সুচি

সমর্পণ	5
লেখক পরিচিতি	7
মুখবন্ধ	8
আত্মা	10
যোগ এবং আধ্যাত্মিকতা	20
প্রকৃতির গুণ(সত্ত্ব , রজঃ,তমঃ)	27
কর্ম	40
ধ্যান	54
ভক্তি এবং আধ্যাত্মিকতা	70
পাঠকদের জন্য প্রশ্ন	83
সাধারণ যোগ ভঙ্গি	84
ধ্যানের চিহ্ন	85
প্র্যাকটিস শীট- ১	88
প্র্যাকটিস শীট- 2	91
পাঠক নোট	96

লেখক পরিচিতি

অলোক গাঙ্গুলি ভারতীয় বংশোদ্ভূত একটি মধ্যবিত্ত প্রবাসী বাঙালি পরিবার থেকে এসেছেন, বর্তমানে কর্ণাটকের বেঙ্গালুরুতে থাকেন। তিনি দিল্লিতে জন্মগ্রহণ করেন এবং সেখানেই প্রাথমিক ও মাধ্যমিক শিক্ষা সম্পন্ন করেন। তিনি নয়াদিল্লি থেকে বিএসসি, এমএসসি এবং পিজিডিএম (ম্যানেজমেন্ট) এ স্নাতক এবং স্নাতকোত্তর ডিগ্রি অর্জন করেছেন। গত দুই দশক ধরে তিনি ভারত, মার্কিন যুক্তরাষ্ট্র এবং যুক্তরাজ্যের আন্তর্জাতিক সংস্থাগুলির সাথে কাজ করেছেন।

আধ্যাত্মিকতার প্রতি অলোকের আগ্রহ প্রথম জীবন থেকেই শুরু হয়েছিল, যার কারণে তিনি তাঁর আধ্যাত্মিক প্রশ্নের উত্তর খুঁজেছিলেন। এই আবিষ্কার তাঁকে বেদান্ত, যোগ ও ধ্যানের জ্ঞান ও অনুশীলন করতে পরিচালিত করে। অবশেষে, তিনি জ্ঞানের এই বিশাল ভাণ্ডার থেকে কিছুটা অন্তর্দৃষ্টি এবং আধ্যাত্মিকতার একটি সহজ উপলব্ধি অর্জন করেছিলেন। তাঁর "আধ্যাত্মিকতা-একটি যাত্রা" বইয়ের মাধ্যমে, অলোক তার প্রিয় পাঠকদের সাথে গুরুত্বপূর্ণ আধ্যাত্মিক প্রশ্নের সহজ এবং সত্য উত্তর ভাগ করে নেওয়ার লক্ষ্য নিয়েছেন।

আমরা আশা করি এটি পাঠকদের শান্তি, দিকনির্দেশনা এবং ইতিবাচক অনুপ্রেরণা দেবে।

☘☘☘☘☘☘

ভূমিকা

এই বইটি বিভিন্ন আধ্যাত্মিক বিষয়ের উত্তর দেওয়ার একটি প্রয়াস।

নির্জন গুহা বা দূরবর্তী হিমালয় উপত্যকায় আধ্যাত্মিক জীবন অনুসরণ করা উচিত নয়, বা এটি কেবল বিশেষ ক্ষমতাসম্পন্ন অসাধারণ ব্যক্তিদের জন্য নয়। প্রথমবার আত্মা শব্দটি সংস্কৃত থেকে এসেছে। হিন্দুধর্ম, বৌদ্ধধর্ম, জৈন ধর্ম এবং শিখধর্মে আত্মা একটি মূল আধ্যাত্মিক ধারণা।

আত্মার গভীর সত্যগুলি জ্ঞান, সরল বুদ্ধি এবং আত্মা, কর্ম, যোগ, ধ্যানের আত্ম-সচেতনতার মাধ্যমে অর্জন করা যেতে পারে। এটাই এই বই লেখার একমাত্র উদ্দেশ্য।

আধ্যাত্মিকতা এমন একটি অভিজ্ঞতা যা বাইরের বস্তুজগৎ থেকে পাওয়া যায় না। এটি আপনার দেহের অভ্যন্তরে আপনার যাত্রার রোমাঞ্চ, যা আপনাকে আপনার প্রতিদিনের রুটিনে শারীরিক এবং মানসিকভাবে সুখী এবং সন্তুষ্ট বোধ করতে পারে।

এই শরীর, যা আপনার সাথে আছে, একটি অনন্য অভিজ্ঞতা। ৮.৪ লক্ষ জীবন্ত প্রজাতির মধ্যে কেবল মানুষই মহাবিশ্বের রহস্য আবিষ্কারের বিশেষ উপহার পাচ্ছে। শরীর এবং আত্মার যোগাযোগগুলি সাবধানে পর্যবেক্ষণ করে, আপনি

আপনার জীবনে একটি অনন্য অর্থ তৈরি করতে পারেন যা শরীর এবং মন উভয়কেই সন্তুষ্ট করবে।

আমাদের দেহকে সম্মান করা উচিত এবং আত্মার সাথে সারিবদ্ধভাবে বাঁচতে হবে। এই সঙ্গমটি আপনার স্বাস্থ্য বজায় রাখতে সহায়তা করতে পারে তবে এটি আপনাকে আপনার এবং অন্যের জীবনে ইতিবাচক পরিবর্তন আনার সম্ভাবনাও সরবরাহ করতে পারে।

উপলব্ধির প্রথম পদক্ষেপটি স্বীকার করা হয় যে দেহের বাইরে একটি সত্তা রয়েছে, যা আত্মা, শরীর কেবল একটি বাহন এবং এটি আত্মার ভ্রমণের একটি মাধ্যম। এটি দেখার নতুন দৃষ্টিকোণ, যা এই বইটিতে দেওয়া হয়েছে এবং এটি আপনাকে আমাদের জীবনকে একটি নতুন রূপে দেখার ক্ষমতা দিতে পারে।

আধ্যাত্মিকতা একটি অনন্য যাত্রা যেখানে আমরা আমাদের শারীরিক, মানসিক এবং আধ্যাত্মিক রূপান্তরগুলির প্রভাব বুঝতে পারি। এটি একটি অনন্য অভিজ্ঞতা যা আমাদের এই জীবনের অন্তর্ভুক্তি এবং সম্পূর্ণতা বোঝার সুযোগ দেয়।

আসুন আমরা একটি আধ্যাত্মিক যাত্রা শুরু করি।

অলোক গঙ্গোপাধ্যায়

adhyatmik.harisevak@gmail.com

1

আত্মা

1. আত্মা কি?

2. আত্মার প্রকৃতি কি?

3. কিভাবে আত্মা সনাক্ত করতে?

4. আত্মা এবং ঈশ্বরের মধ্যে সম্পর্ক কি?

5. পার্থিব জীবনে আত্মা লাভের চেষ্টা করা উচিত কেন?

6. আত্মার পরিশুদ্ধি বলতে কী বোঝায়?

7. আত্মার পরিত্রাণ বলতে কী বোঝায়?

8. মন এবং আত্মার মধ্যে সম্পর্ক কি?

সচেতন প্রাণীদের শারীরিক দেহ এবং তাদের সংবেদনশীল এবং মানসিক ক্রিয়াগুলি সহ প্রকৃতির সমস্ত শারীরিক উপাদানগুলিকে একত্রিত করা যেতে পারে, মহাবিশ্বের একটি সদা-পরিবর্তনশীল শারীরিক দিক তৈরি করে। কিন্তু যা প্রত্যেক সত্তার মধ্যে বাস করে এবং তাকে সজীব করে তোলে তা কেবল আত্মা।

যখন আমরা "আত্মা" শব্দটি শুনি, তখন আমরা সাধারণ মানুষ এটি সম্পর্কে শোনার চেষ্টা করি না যেন এটি আমাদের নয় বা আমরা এটি সম্পর্কে কিছু শুনতে বা জিজ্ঞাসা করতে চাই না। অথবা আপনিও বলতে পারেন, এতে তাদের উপকার হবে কি না হবে, তা তারা ভাবতে পারে?

এই সব কারণ পার্থিব মানুষ তাদের শারীরিক শরীর, আকাঙ্ক্ষা এবং তাদের নিকটতম এবং প্রিয়জনের আকাঙ্ক্ষা পূরণে তাদের পুরো জীবন ব্যয় করেছে। এখানে আমরা গৃহজীবন ত্যাগ করার কথা বলছি না, বরং দুঃখের জীবনে বাস করার কথা বলছি এবং কীভাবে সর্বোচ্চ সুখ বা আনন্দ অর্জন করা যায় তা বোঝার চেষ্টা করছি।

এখন বলো, এই শরীর কি চিরকাল তোমার সঙ্গে থাকবে?

এটা কি আপনার কথা মানবে?

"না!",

তাহলে আপনার শরীরে এটা কীভাবে ঘটল? আর শরীর যদি তোমার না হয়। এবার একটু চিন্তা করে দেখুন, এটা কি সেই পরম শক্তি যে 'আমি' বা 'স্বয়ং' হয়ে সব কিছু দেখে ও মনে রাখে?

আপনি যখন গভীরভাবে চিন্তা করবেন, তখন আপনি বুঝতে পারবেন যে আপনি বিশ্বের সাথে সংযুক্ত নন। দেহ, ইন্দ্রিয়, মন ও বুদ্ধি সর্বদাই পরিবর্তনশীল, কিন্তু আপনি ধ্রুবক। আপনি যদি এটি বুঝতে না পারেন তবে আপনি এটি একটি নির্দিষ্ট সত্য হিসাবে বিশ্বাস করতে পারেন। আপনি বলতে পারেন যে এই সংযোগ ছিন্ন করা যাবে না, কিন্তু আমি আপনাকে বলছি যে এটি সংরক্ষণ করা যাবে না। আপনি কি আপনার শৈশব ও যৌবন ধরে রেখেছেন? এই পর্যায়গুলি পরিবর্তিত হয়েছে এবং চলে গেছে এবং সবকিছু পরিবর্তন হচ্ছে এবং আপনি না করেই সব সময় যাচ্ছেন। আপনার চিন্তাভাবনা বন্ধ করা উচিত যে আপনি তাদের সাথে আপনার সংযোগ ছিন্ন করতে পারবেন না। এই সংযোগটি আপনার না করেই নিজে থেকেই ভেঙে যাচ্ছে।

আমি নিশ্চিত যে এখন আপনি আত্মা সম্পর্কে সেই সমস্ত প্রশ্ন এবং তাদের উত্তর জানতে চাইবেন।

এই সমগ্র বিশ্ব, প্রাণী এবং উদ্ভিদ চেতনা মূল পদার্থ (পাঁচটি উপাদান - ইথার, জল, বায়ু, পৃথিবী এবং আগুন) সমন্বয় দ্বারা তৈরি, পরিচালিত এবং ধ্বংস হয়।

মূল প্রকৃতি বা জড় প্রকৃতি প্রতিনিয়ত পরিবর্তনশীল। দেহের যে রূপ দৃশ্যমান তাহাই মূল-রূপ। দেহের দৃশ্যমান রূপ নির্জীব। উদাহরণস্বরূপ, জীব একটি ডিম্বাণুর আকারে জন্ম নেয়, তারপরে একটি শিশু হিসাবে, তারপরে একটি কিশোর হিসাবে, একজন যুবক হিসাবে এবং অবশেষে একজন বৃদ্ধ মানুষ হিসাবে, তার দেহ ত্যাগ করার পরে, সে পরম বাসস্থান বা পুনর্জন্ম লাভ করে।

এবার একটু ভেবে দেখুন, এই জড় দেহ বা জড় দেহের নানা রূপ ও কার্যকলাপ কে অনুভব করছে, আর কে দর্শক হয়ে শরীরের সব কর্মকাণ্ড দেখছে ও মনে রাখছে।

সেই অপরিবর্তনীয় "কে" এবং

'আমি' 'আত্মা' ছাড়া আর কেউ নয়।

এই মহাবিশ্বে, আমাদের দেহের পাশাপাশি সমগ্র মহাবিশ্ব প্রতি মুহূর্তে সর্বদা পরিবর্তিত হচ্ছে এবং চলে যাচ্ছে। কিন্তু যে 'আমি' এই সব পরিবর্তনকে জানে, সে আত্মা বা দ্রষ্টা, চিরকাল একই থাকে। আমাদের শারীরিক শরীর একটি মেশিন, এবং এর চালক, মন, কিন্তু আত্মা একটি দূরবর্তী দর্শক যিনি আপনার শরীর এবং মন দ্বারা করা কাজ সন্ধান এবং রেকর্ড করে চলেছেন।

মনের মধ্যে কাম, ক্রোধ, আনন্দ, দুঃখ, আসক্তি, বিদ্বেষ ইত্যাদির যে অনুভূতিই উদিত হোক না কেন, এই দৈহিক শরীর

সর্বদা তাদের ফলস্বরূপ সুখ এবং দুঃখ অনুভব করে। আমাদের দেহ আত্মা (চেতনা) এবং ঐশ্বরিককে জানার চেষ্টা করে না।

গীতায় বলা হয়েছে, আত্মার জন্ম হয় না, মৃত্যুও হয় না। অজাত, অপরিবর্তনীয়, চিরন্তন, দেহ হত্যা করা হলেও এই আত্মাকে হত্যা করা হয় না। না অস্ত্র তাকে কাটতে পারে না, আগুন তাকে পোড়াতে পারে না; পানিও একে ভেজাতে পারবে না, বাতাসে শুকাতেও পারবে না। যেমন একজন মানুষ জীর্ণ কাপড় খুলে ফেলে এবং নতুন কাপড় পরিধান করে। তেমনি আত্মা জীর্ণ দেহ ত্যাগ করে নতুন দেহে প্রবেশ করে।

আপনি শরীর নও; আপনি "ভিতরের সারাংশ", "আত্মা" এবং "একটি ঐশ্বরিক সত্তা"। যখন আপনি নিজেকে একটি সীমাবদ্ধ দেহের সাথে চিহ্নিত করেন তখন আপনি একজন মরণশীল; আর যখন আপনি আত্মার সাথে নিজেকে একাত্ম করেন, তখন আপনি অমর।

মস্তিষ্কের অদৃশ্য কাজ আর আত্মা এক নয়। এগুলি কেবল শারীরিক দেহের কাজ, যেমন চিন্তাভাবনা, উপলব্ধি, আবেগ, ইচ্ছা এবং বৈষম্যমূলক বুদ্ধিমত্তা। আত্মা এই সমস্ত ক্রিয়া থেকে একটি পৃথক এবং অন্তর্নিহিত সত্তা। এটি শরীরের কোনো নির্দিষ্ট অংশে থাকে না, বরং পুরো শরীর ভরিয়ে দেয়। মানুষ, পশু-পাখি, বৃক্ষ-বৃক্ষসহ প্রতিটি জীবের মধ্যেই আত্মা বিরাজমান।

যে কোনও জীব, স্থির বা গতিশীল, দেহ এবং আত্মার সংমিশ্রণ থেকে উদ্ভূত হয়।

আত্মা হলেন পরমাত্মা এর সত্তা যিনি অনন্ত মহাবিশ্বের স্রষ্টা। আত্মা ঈশ্বরের একটি অংশ যিনি অসীম মহাবিশ্বের স্রষ্টা। তিনি তাঁর নির্গুন-নিরাকার ও সাগুন-সাকার রূপে সর্বত্র বিরাজমান। ঈশ্বর সকল প্রাণী ও জীবের অন্তরে বিরাজ করেন। ঈশ্বর তাঁর ভক্তদের ভালবাসার কারণে সময়ে সময়ে তাঁর শারীরিক রূপে অবতার গ্রহণ করেন। মানুষ মুসাফির মাত্র, আর এই মুসাফির তার কর্মফল অনুযায়ী ভ্রমণ করতে থাকে।

মানুষের কেবল আত্মাকে অনুভব করার এই বিশেষাধিকার রয়েছে, আমাদের অবশ্যই আত্মাকে উন্নত করতে এবং আমাদের যাত্রাকে সুখী করতে আমাদের দেহ এবং মন ব্যবহার করতে হবে।

এখন আপনি জিজ্ঞাসা করতে পারেন, "পার্থিব জীবনে বাস করে আমরা কীভাবে এই ভ্রমণকে শুভ ও সুখী করতে পারি?"। আমরা কর্ম অধ্যায়ে এটি জানতে সক্ষম হব।

পার্থিব জীবনে আমরা আত্মাকে পরিশুদ্ধ করার চেষ্টা করতে পারি। আপনার মন থেকে আত্ম-অহংকার, অর্থ-অহংকার, রাজ্য-অহংকার এবং দেহ-অহংকার ধ্বংস করে আমরা এটি শুরু করতে পারি। ঈশ্বরের কৃপায় মানুষ জন্মগ্রহণ করে এবং এই জীবনে সে কর্ম করার অধিকার পায়। অন্যান্য জন্মে কেবল তার কর্মফল ভোগ করতে হয়।

একবার ভাবুন, আপনি যদি মানুষের জীবনকে সদ্ব্যবহার না করেন, তাহলে ৮৪ লক্ষ জন্মে বিভিন্ন প্রজাতির জন্মে কর্মফল ভোগ করার পর আবার মানব জীবন পাবেন। ভাল কাজ এবং আত্মজ্ঞানের মাধ্যমে, এই মানবদেহে, আমরা আত্মার মুক্তির জন্য বা মুক্তির জন্য পরিশ্রম করতে পারি। কর্মযোগ, সাধনা বা চেতনা-গুণ সম্পর্কে তথ্য পাওয়ার পর এই আত্মজ্ঞানকে সহজে বুঝতে পারবেন।

কর্ম, সাধনা বা সচেতন গুণাবলী আপনাকে চার সূক্ষ্ম দ্বাররক্ষীকে জয় করতে সহায়তা করে। মন, সন্তুষ্টি, বিচক্ষণতা ও সৎসঙ্গ নামে অভিহিত করা হয়েছে

1. মন

মনের অর্থ বিভিন্ন লোকের জন্য ভিন্ন হতে পারে, তবে মন সাধারণত এমন শক্তি বলে মনে করা হয় যা আমাদের চিন্তাভাবনা, উপলব্ধি, অভিজ্ঞতা এবং জীবনযাপন করতে সহায়তা করে। মন শরীরের রাজা, যা শাসন করে। মনের মধ্যে ঘুরে বেড়ানোর অভ্যাস আছে। অতএব, কর্ম-যোগ এবং সাধনার মাধ্যমে আপনি মনকে নিয়ন্ত্রণ করেন এবং খারাপ কর্ম বা পাপ থেকে নিজেকে রক্ষা করেন।

ভারতীয় বৈদিক শাস্ত্রে তিন প্রকার পাপের উল্লেখ আছে:

1. ১. দৈহিক অর্থাৎ কর্মের মাধ্যমে কৃত পাপ;

2. ২. মৌখিক অর্থাৎ, কথার দ্বারা করা পাপ;

3. ৩. মানসিক অর্থাৎ চিন্তার দ্বারা কৃত পাপ।

কিন্তু এই সকল প্রকার পাপের জন্য মন জড়িয়ে থাকে কারণ মন না থাকলে ইচ্ছাকৃত কোন কাজ হতে পারে না।

যদি মনকে যত্ন সহকারে রক্ষা না করা হয়, তবে ইচ্ছা ইন্দ্রিয়গুলিতে তার স্থান নেবে, আমাদের চিন্তাভাবনাকে দখল করবে, আমাদের বুদ্ধিকে দূষিত করবে এবং শেষ পর্যন্ত আমাদের ধ্বংস করবে। সুতরাং যুদ্ধ অবশ্যই দ্বারে দ্বারে ইচ্ছা দিয়ে লড়তে হবে, যখন এটি আমাদের চিন্তায় প্রবেশ করতে চায়।

2. সন্তুষ্টি

সন্তুষ্টি মানে আপনার মন, শরীর এবং আত্মাকে সন্তুষ্ট এবং শান্ত করা। তৃপ্তি আমাদের দুঃখ ও দুশ্চিন্তা থেকে মুক্তি দেয়। তৃপ্তি পেতে হলে আমাদের নিজেকে, পরিবারকে, বন্ধুবান্ধবকে এবং আমাদের কাজকেও ভালোবাসতে হবে। আমাদের প্রতিটি ছোট জিনিসের জন্য কৃতজ্ঞ হওয়া উচিত এবং আমাদের লক্ষ্যের দিকে এগিয়ে যাওয়ার সময় আমাদের বর্তমান জীবন উপভোগ করা উচিত। একজন সন্তুষ্ট ব্যক্তি সর্বদা সুখী থাকেন এবং অবিচ্ছিন্ন আনন্দে থাকেন।

ইন্দ্রিয়গ্রাহ্য আকাঙ্ক্ষা থেকে যে আনন্দ জাগতিক মনের কাছে আনন্দদায়ক বলে প্রতীয়মান হয়, সেগুলোই আসলে দুঃখের উৎস। তাদের একটি শুরু এবং শেষ আছে বা আপনি বলতে পারেন যে তারা আসে এবং যায়। এজন্য জ্ঞানী ব্যক্তি তাদের প্রতি প্রশ্রয় দেন না।

3. বিচক্ষণতা

বিচক্ষণতা মানে আপনার বুদ্ধির সঠিক ব্যবহার বা নিজের বুদ্ধির সঠিক ব্যবহার।

মানুষের উচিত জ্ঞান দ্বারা তার বিবেককে জাগ্রত করা। যারা বিচক্ষণতা ও চিন্তা-চেতনা নিয়ে কাজ করেন, তাদের পরিণতিও ভালো হয়। প্রজ্ঞাই আমাদেরকে শ্রেষ্ঠ ও শ্রেষ্ঠের মধ্যে, সত্য ও মিথ্যার মধ্যে, শাশ্বত ও অমরের মধ্যে, আত্মা ও বস্তুর মধ্যে পার্থক্য করতে শেখায়। বিচক্ষণতা আমাদের আত্মার অভিজ্ঞতা নিতে, আমাদের জীবনের লক্ষ্য নির্ধারণ করতে এবং আমাদের কাজের ভাল বা মন্দ ফল গ্রহণ করতে সাহায্য করে। ভগবত গীতায় বলা হয়েছে, জ্ঞান ও প্রজ্ঞাই সকল কর্ম ও কর্মে বৈরাগ্য সৃষ্টির একমাত্র মাধ্যম।

4. সৎসঙ্গ

"সৎ" অর্থ "স্থায়ী" এবং "আসাত" অর্থ "যিনি চলে যান"। এখন আমাদের নিজেদেরই সিদ্ধান্ত নিতে হবে সত্য নিয়ে আর কত সময় থাকবে অসত্য নিয়ে থাকতে? যে ব্যক্তি সত্যের সাথে বাস করে তাকে সৎসঙ্গী বলা হয়।

"সৎ" হল আত্মা এবং ঐশ্বরিক যা সর্বদা সেখানে ছিল এবং যা অনাদিকাল থেকে বিদ্যমান ছিল।

ভক্তিযোগে সৎ অর্থ ঈশ্বর এবং গান অর্থ তাঁর প্রেমময় ভক্তদের সঙ্গ। এটি একটি আধ্যাত্মিক বক্তৃতা বা পবিত্র সমাবেশ হিসাবেও উল্লেখ করে। সৎসঙ্গের মাধ্যমে আমাদের মন বিশুদ্ধ, প্রশান্তিময় ও আনন্দময় হয়ে ওঠে এবং আমরা ঈশ্বরের জ্ঞান, ভক্তি ও অভিজ্ঞতা লাভ করি। এজন্য একজন কৌতূহলী ব্যক্তির সর্বদা সৎসঙ্গের জন্য প্রচেষ্টা করা উচিত।

আমরা আগামী অধ্যায়গুলিতে আত্মা ও ভক্তিযোগের জটিল বিষয় নিয়ে আলোচনা করব

2

যোগ এবং আধ্যাত্মিকতা

1. যোগ মানে কি?
2. যোগাসন এবং যোগাসন কি একই?
3. আধুনিক জীবনে যোগ সংজ্ঞা কি?
4. যোগব্যায়াম কি শুধুমাত্র শারীরিক স্বাস্থ্যের সাথে সম্পর্কিত?
5. আধ্যাত্মিকতার সাথে যোগের সম্পর্ক কী?

সংস্কৃত ভাষায় যোগ মানে যোগ দেওয়া বা ঐক্যবদ্ধ করা।

"কিন্তু কার সঙ্গে যোগ দিতে?"

"ঐশ্বরিক থেকে।

"কে যোগ দেবে?"

"আত্মা / স্ব"

যোগব্যায়ামের বিভিন্ন মাধ্যম রয়েছে। যেমন আসন, প্রাণায়াম ও ধ্যান। এই সমস্ত আত্মাকে (আত্মা) পরমাত্মা (পরমাত্মা) অর্থাৎ ঐশ্বরিক সাথে সংযুক্ত করতে সহায়তা করে। যোগব্যায়াম কেবল শারীরিক স্বাস্থ্যই নয়, মানসিক স্বাস্থ্যেরও ভারসাম্য বজায় রাখে।

আমাদের ভারতীয়দের গর্বিত হওয়া উচিত যে আজ সারা বিশ্বে যোগের যে বিভিন্ন রূপ রয়েছে তা সবই ভারতমাতার দান। এবং যোগের প্রথম বিবরণটিও আমাদের বেদ থেকে আসে যা নিজেই কয়েক হাজার বছরের পুরানো গ্রন্থ। মহর্ষি পতঞ্জলির প্রথম এবং সর্বাগ্রে অবদান হ'ল যোগব্যায়ামকে ভারতে মানব জীবনযাত্রার একটি অবিচ্ছেদ্য অঙ্গ হিসাবে গড়ে তোলা।

কারণ যোগ আপনাকে পার্থিব জিনিস থেকে অন্তরাত্মার দিকে নিয়ে যায়, তাই যোগ আত্মা, ধ্যান এবং আধ্যাত্মিক অনুশীলনের সাথে সম্পর্কিত।

যোগের পথ অনুসরণ করে মানুষ পাঁচটি সেরা গুণ অর্জন করতে পারে - শক্তি, বুদ্ধি, সাহস এবং উত্তম চরিত্র। যোগচর্চার মধ্য দিয়ে আমরা আমাদের দক্ষতা ও কাজ করার ক্ষমতাকে উল্লেখযোগ্যভাবে বৃদ্ধি করতে পারি। যোগ আমাদের মানসিক স্বাস্থ্যের ভারসাম্য বজায় রাখে, যার ফলস্বরূপ এটি আজকের আধুনিক জীবনশৈলী দ্বারা সৃষ্ট অনেক রোগ থেকে মুক্তি পেতে সহায়তা করে এবং সেই কারণেই আজ সারা বিশ্বের মানবজাতি এর গুরুত্ব বুঝতে পেরেছে। যোগব্যায়াম নিজেই একটি শৃঙ্খলাবদ্ধ বিষয়, যোগব্যায়াম তার জন্য নয় যে খুব বেশি খায়, বা যে খাবার একেবারেই এড়িয়ে চলে; যে ঘুমের প্রতি খুব আসক্ত তার জন্য নয়, যে জেগে থাকে তার জন্যও নয়।

যোগব্যায়াম আমাদের শরীর ও মন থেকে নেতিবাচকতা দূর করে। এবং আমাদের শরীরের নিরাময় ক্ষমতা বিকাশ করে। যোগব্যায়ামের মাধ্যমে আপনি আপনার জীবনদায়ী শ্বাসকে নিয়ন্ত্রণ করতে পারেন এবং এই অনুশীলনকে প্রাণায়াম বলা হয়। প্রাণ মানে অত্যাবশ্যক বায়ু যা স্নায়ুর মধ্য দিয়ে শ্বাস-প্রশ্বাসের সময় শরীরের প্রতিটি অংশে ভ্রমণ করে এবং শরীরকে জীবন দিয়ে বাঁচিয়ে রাখে। এটি অনুশীলন করে, আপনি শরীরে প্রাণ-বায়ু (অত্যাবশ্যক বায়ু) ভারসাম্য বজায় রাখেন, যা আপনার শরীরকে সুস্থ রাখে। অনেক প্রকার প্রাণায়াম আছে, যা আমাদের মুনি-ঋষিরা সময়ে সময়ে বলেছেন।

ধ্যান এবং সাধনার সাথে যোগ আসনগুলির (শারীরিক অঙ্গবিন্যাস) একটি গুরুত্বপূর্ণ সম্পর্ক রয়েছে। সিদ্ধাসন ভঙ্গিতে আপনি আপনার দেহের শক্তিশালী শক্তির চ্যানেলগুলি জাগ্রত করতে পারেন যাকে "কুণ্ডলিনী জাগরণ" বলা হয়। কুণ্ডলিনী অর্থ এক ধরনের শক্তি যা মানুষের মেরুদণ্ডের নীচের অংশে কুণ্ডলীতে আবৃত থাকে। যখন এই শক্তি জাগ্রত হয়, তখন এটি ব্যক্তিকে অনেক ধরণের আধ্যাত্মিক, মানসিক এবং শারীরিক সুবিধা প্রদান করে। কুণ্ডলিনী জাগ্রত করার জন্য, কুণ্ডলিনী যোগ অনুশীলন করা হয়, যার মধ্যে বিভিন্ন প্রাণায়াম, আসন, মুদ্রা, বন্ধ, ধ্যান এবং মন্ত্র ব্যবহার করা হয়। এটি ধ্যান ও সাধনার এমন একটি জটিল বিষয় যে একটি বইয়ে এর ব্যাখ্যা করা অসম্ভব।

আয়ুর্বেদ যোগব্যায়ামকে শরীর সুস্থ রাখার একটি অত্যন্ত গুরুত্বপূর্ণ মাধ্যম হিসাবে বর্ণনা করেছে। যাঁরা নিয়মানুবর্তিতা মেনে যোগ করেন, তাঁরা সরাসরি নিজের আত্মার স্বরূপ দেখতে পান।

যোগব্যায়ামের আটটি গুরুত্বপূর্ণ অংশ রয়েছে। যার নাম দেওয়া হয়েছে অষ্টাঙ্গ যোগ। মহর্ষি পতঞ্জলি তাঁর 'যোগ সূত্র' গ্রন্থে অষ্টাঙ্গ যোগের ব্যাখ্যা দিয়েছেন। অষ্টাঙ্গ যোগের অনুশীলন শরীর, মন, আত্মা, স্বাস্থ্য, শান্তি এবং সুখের শুদ্ধির দিকে পরিচালিত করে। আসন (শারীরিক যোগ) যা আজকাল জনপ্রিয় তা অষ্টাঙ্গ যোগের প্রকারগুলির মধ্যে একটি।

যখন আপনারা সব ধরনের অষ্টাঙ্গযোগের সংজ্ঞা পড়বেন, তখন বুঝতে পারবেন যে আধ্যাত্মিকতার ক্ষেত্রে যোগের এত গুরুত্ব কেন।

অষ্টাঙ্গযোগের আটটি অঙ্গ নিম্নরূপ।

1. জিনিস

অহিংসা, সত্য, চুরি না করা, ব্রহ্মচর্য ও লোভহীনতা এই পাঁচটি নিয়মের সমষ্টি। যমের নিয়ম মেনে মানুষ তার নৈতিক মূল্যবোধ বৃদ্ধি করতে পারে। যম ধর্ম অনুসারে ব্যবহারিক জীবনযাপনের শিল্প শেখায়।

2. নিয়ম

এটিও পাঁচটি নিয়মের সমষ্টি, শৌচকর্ম, সন্তুষ্টি, তপস্যা, আত্ম-অধ্যয়ন এবং ঈশ্বরের প্রতি ভক্তি। এটি জীবনে শৃঙ্খলাবদ্ধ হওয়ার শিল্প শেখায় এবং মানুষের চরিত্রকে আলোকিত করে।

3. ভঙ্গি

শরীরকে স্থিতিশীল ও সুখী রাখার জন্য এগুলি বিভিন্ন ধরণের আসন। আসন শরীর সুস্থ রাখার শিল্প শেখায়। আসনগুলি উপকারী শরীরের অঙ্গবিন্যাসের একটি গ্রুপ যার

ফলস্বরূপ আমরা একটি সফল, সুখী এবং দীর্ঘ জীবন যাপন করতে পারি।

4. প্রাণায়াম

যিনি শ্বাস বা প্রাণবন্ত বাতাসকে নিয়ন্ত্রণের জন্য একটি নতুন মাত্রা বা উপায় দিতে শেখান। এটি শ্বাস নেওয়া এবং ছাড়ার শিল্পকে শেখায় যাতে আপনার দেহের প্রতিটি অংশ পর্যাপ্ত পরিমাণে গুরুত্বপূর্ণ বায়ু পেতে পারে এবং আপনার শরীর সর্বদা সুস্থ থাকে।

5.উত্তোলন

এটি বাহ্যিক বস্তু থেকে ইন্দ্রিয়গুলি অপসারণ এবং তাদের ভিতরের দিকে ঘুরিয়ে দেওয়ার অনুশীলন। দেহের ইন্দ্রিয়গুলিকে নিয়ন্ত্রণ করার শিল্পটি প্রত্যহরের নিয়ম দ্বারা শেখা যায়। এটি মানসিক বিকাশে সাহায্য করে।

6.উপলব্ধি

এটি একটি বিষয়ে মন দেওয়ার অনুশীলন। এটি ধ্যান বা সাধনা হিসাবেও অনুশীলন করা হয়। এটি শরীরের অংশে মনকে কেন্দ্রীভূত করতে এবং হৃদয়ে সূক্ষ্ম বিষয়বস্তু ধরে রাখতে সহায়তা করে। ইন্দ্রিয়গ্রাহ্য অনুশীলনের মাধ্যমে ধ্যানমগ্ন

অবস্থায় পৌঁছানো যায়। বরং ধারণের ফলে মানুষ ধ্যানমগ্ন অবস্থা লাভ করে।

7. ধ্যান

এটি বিষয়টিতে মনকে কেন্দ্রীভূত করার একটি অনুশীলন। মেডিটেশন আমাদের জীবনের লক্ষ্য সহজে অর্জন করতে সাহায্য করে। ধ্যানের মাধ্যমে আমরা আত্মার জ্ঞান লাভ করতে পারি।

8. সমাধি

এটি বিষয়টিতে মনকে শোষিত করার একটি অবস্থা। সমাধির মাধ্যমে পরম আনন্দ লাভ করা সম্ভব। সমাধি, 'ধ্যানের নিয়মতান্ত্রিক রূপ' পরবর্তী পদক্ষেপ। আর সমাধি শুধু সাধু-যোগীদের কথা ভাবলে ভুল করবেন না। আপনার পারিবারিক জীবন ত্যাগ করার দরকার নেই।

বইটিতে আপনি এই বিষয় সম্পর্কে আরও শিখবেন। এতক্ষণে আপনি নিশ্চয়ই জানেন যে যোগ আমাদের জীবনযাপনের শিল্প শেখায়।

3

প্রকৃতির গুণ(সত্ত্ব , রজঃ,তমঃ)

1. সত্ত্ব, রজঃ ও তমঃ এই তিন গুণের গুরুত্ব কি?
2. আধ্যাত্মিকতার সঙ্গে এই তিনটি গুণের সম্পর্ক কী?
3. আমরা কি এই তিনটে গুণ দেখতে ও অভিজ্ঞতা লাভ করতে পারি?
4. এই তিনটি গুণকে কীভাবে নিয়ন্ত্রণ করা যায়?

সমগ্র মহাবিশ্ব এবং তাতে বসবাসকারী চলক এবং স্থাবর বিষয় ও বস্তু তিনটি গুণের পরিবর্তনের কারণে বা কিছু আকাঙ্ক্ষার পরিবর্তনের কারণে সর্বদা গতিশীল থাকে। এই তিনটি গুণ হল তাম যা অন্ধকার ও বিশৃঙ্খলা হিসাবে উল্লেখ করে, রজস যা ক্রিয়াকলাপ এবং আবেগ হিসাবে উল্লেখ করা হয় এবং সত্ত্ব যা সত্তা ও সম্প্রীতি হিসাবে উল্লেখ করা হয়।

সত্ত্ব, রজঃ ও তামঃ প্রকৃতির তিনটি গুণ, যা আমাদের মন, শরীর ও আত্মাকে প্রভাবিত করে। এই গুণাবলী আমাদের ব্যক্তিত্ব, চিন্তা, অনুভূতি, কর্ম এবং নিষ্ঠা নির্ধারণ করে।

আচার্য বিনোবা ভাবে তাঁর একটি বইয়ে লিখেছেন যে ব্যক্তি নিজের ইন্দ্রিয়কে নিয়ন্ত্রণ করতে পারে সে এই মায়ার জগতেও রাজত্ব করতে পারে। এখন আপনি সমস্ত পাঠক অবশ্যই কিছুটা অবাক হবেন যে আমি সবেমাত্র আত্মা এবং যোগ সম্পর্কে পড়েছি এবং এর পরে আমরা কেন ইন্দ্রিয়কে এত গুরুত্ব দিই?

ইন্দ্রিয়গুলি শরীরের চেয়ে বড় বলে মনে করা হয়; কিন্তু মন ইন্দ্রিয়ের অপেক্ষা বড়; প্রজ্ঞা মনের চেয়ে বড়; আর যা জ্ঞান ও বুদ্ধির চেয়ে বড় তা হল আত্মা।

আত্মা নিজেই সম্পূর্ণ এবং বিশুদ্ধ। এই গুণগুলির কারণে দেহ আত্মাকে দেখতে পায় না। এই গুণগুলির কারণে, এই রহস্যময় মহাবিশ্ব এবং এতে বসবাসকারী পরিবর্তনশীল

এবং স্থাবর প্রাণী এবং বস্তুর ক্রমাগত উতস এবং পরিবর্তন রয়েছে। আমাদের জানা উচিত যে এই মহাবিশ্বের কেউই এই গুণগুলির দ্বারা প্রভাবিত না হয়ে চলে যেতে পারে না।

এখানে গুরুত্বপূর্ণ বিষয় হ'ল পারিবারিক জীবন এবং আধ্যাত্মিক জীবন পুরোপুরি উপভোগ করার জন্য এই তিনটি গুণ প্রয়োজনীয়। কিন্তু কখন কোন গুণ রপ্ত করতে হবে এবং কখন জাগিয়ে তুলতে হবে তা মানুষের জন্য অত্যন্ত কঠিন ও জটিল কাজ। কিন্তু এই তিনটি গুণাবলী ভারসাম্যপূর্ণ এবং নিয়ন্ত্রিত হতে পারে। প্রথমত, আসুন আমরা এই তিনটি গুণকে জানার চেষ্টা করি।

এই তিনটি গুণ প্রতিটি পরিবর্তনশীল এবং অপরিবর্তনীয় বস্তুর সর্বত্র উপস্থিত রয়েছে।

আপনার শরীরের অঙ্গ, ইন্দ্রিয়, মন, মস্তিষ্ক এবং হৃদয় এবং শুধু তাই নয়, আপনার ডায়েট এবং এমনকি আপনার ক্রিয়াকলাপেও এই তিনটি গুণ রয়েছে। এই গুণগুলি কেবল আপনার দ্বারাই নিয়ন্ত্রিত হয় তবে আপনার অজ্ঞতার কারণে আপনি এটি সম্পর্কে সচেতন নন। এই গুণাবলী আপনার বর্তমান জীবন এবং ভবিষ্যত জীবনের কর্ম নির্ধারণ করে।

গুণগুলিও আপনার কর্মে গুরুত্বপূর্ণ ভূমিকা পালন করে। আপনি পরবর্তী অধ্যায়ে কর্ম সম্পর্কে বুঝতে পারবেন।

এখন শুধু এই তিনটি গুণকে জানা এবং যতটা সম্ভব তাদের ভারসাম্য বজায় রাখা গুরুত্বপূর্ণ। তামসিক গুণ মানুষকে নেতিবাচকভাবে প্রভাবিত করে, তাই আমাদের সর্বদা তামসিক গুণ থেকে সত্ত্ব গুণে যাওয়া উচিত।

1. তমঃ গুন

প্রথমেই জেনে নেওয়া যাক তামসিক গুণ সম্পর্কে। আর তামস গুণ কিভাবে রাজার বন্দুকের কাছে নিয়ে যাওয়া যায় তাও জেনে নিন। আজকের আধুনিক জীবনযাত্রায় তাম গুণ চিনতে খুব সহজ ও সরল। তামস গুণ অজ্ঞতা, অলসতা, হতাশা, সিদ্ধান্তহীনতা এবং ধ্বংসের প্রতিনিধিত্ব করে।

তমস গুণ কখন আপনাকে প্রভাবিত করে বা আপনি কখন তামাসিক হন? এর উত্তর দেওয়ার আগে জেনে রাখা দরকার যে, তামাসিক গুণাবলী যখন আমাদের শরীরে আধিপত্য বিস্তার করে, তখন অনেক বিকৃতি বা নেতিবাচক আচরণ আমাদের প্রভাবিত করে।

এগুলি তমস গুণের খারাপ প্রভাব,

- অলসতা।
- মাঝরাতে দেরি করে ঘুমিয়ে পড়েন।
- সকাল পর্যন্ত ঘুমান।
- মদ্যপান।
- নেতিবাচক চিন্তা থাকা।

- অন্য মানুষকে অহেতুক কষ্ট দেয়া।
- আমিষ খাবার গ্রহণ।
- শরীর পরিষ্কার না রাখা।
- আর সৎকর্মের জন্য কোন দান না করে একজন ভোগবিলাসী ব্যক্তি হিসেবে আপনার মূল্যবান জীবন অতিবাহিত করা।
- মনে মনে কারো ক্ষতি করার চিন্তা।
- তমস গুণযুক্ত লোকেরা তাদের জীবন ধ্বংস করার জন্য অনৈতিক ও অন্যায় কাজ করে।

এগুলি কেবল কয়েকটি প্রভাব তবে এগুলি আপনার বা আপনার চারপাশে আরও অনেক তামসিক গুণ সনাক্ত করতে ব্যবহার করা যেতে পারে।

তম গুণের ভারসাম্য

তমস গুণের ভারসাম্য কীভাবে বজায় রাখা যায়? কারণ আপনি যোগের গুরুত্ব জানেন। এবং আমার মতে, যোগের মাধ্যমেও আপনি তাম গুণকে ভারসাম্য বা নিরপেক্ষ করতে পারেন।

উদাহরণস্বরূপ, নিয়মিত যোগাসনগুলি অনুশীলন করে আপনি অলসতা এবং শরীরের অলসতার মতো ব্যাধিগুলি নিরাময় করতে পারেন। আপনি লক্ষ্য করবেন যে আপনার

তামসিক গুণ ভারসাম্যপূর্ণ হয়ে উঠছে এবং ধীরে ধীরে নিষ্ক্রিয় হয়ে যাচ্ছে।

যেমন লিখেছিলাম, এই তিনটি গুণের পরিবর্তনের ফলে সমগ্র ব্রহ্মাণ্ড ক্রমাগত কাজ করছে। অতএব, এটি এমন হতে পারে না যে পণ্ডিতদের সর্বত্র কেবল একটি গুণ রয়েছে, সাত্ত্বিক এবং রজগুণও সর্বদা কিছু শতাংশে থাকবে। আপনি বলতে পারেন যে পুরো গেমটি এই শতাংশটি নিয়ন্ত্রণ করার বিষয়ে। আর আমি বিশ্বাস করি যেখানে এই সব গুণ শূন্য হয়ে যাবে, সেখানে আপনি ধরে নিতে পারেন যে সেখানে মুক্তি, আত্মার মুক্তি আছে।

আমি বুঝতে পারছি। এই সময়ে বিষয়গুলো বেশ জটিল। তবে আসন্ন অধ্যায়গুলিতে আপনি তাদের সম্পর্কে আরও তথ্য পেতে সক্ষম হবেন।

2. রাজস্ব গুণ

আধ্যাত্মিক বিষয় বোঝা একটু কঠিন। কারণ আপনাকে কেবল গভীর অন্তরের অনুভূতি এবং বিশ্বাস দিয়েই এটি বুঝতে হবে। আপনাকে এমনভাবে বুঝতে হবে যাতে শুধু জগতেই নয়, মহাবিশ্বেই প্রতিটি চলমান বস্তু সর্বদাই কোনো না কোনো কার্যকলাপে নিয়োজিত থাকে। আর এই প্রক্রিয়া চলতে থাকে রজস গুণদের জন্য। আর আপনি নিশ্চয়ই বুঝতে পেরেছেন যে ক্রিয়া না থাকলে তা তামঋণ গুণের দ্বারা প্রভাবিত

হয়। আপনি অবাক হবেন যে এই মহাবিশ্ব নিজেই একটি ইচ্ছা ও রজস গুণের কারণে জন্মগ্রহণ করে। আজকাল এমনকি বিজ্ঞানীরাও বিশ্বাস করতে শুরু করেছেন যে আধ্যাত্মিক বিষয়গুলির অস্তিত্ব রয়েছে।

আসুন একটি আকর্ষণীয় তত্ত্ব নিয়ে আলোচনা করা যাক, আপনি যদি মহাবিশ্ব কীভাবে তৈরি হয়েছিল সে সম্পর্কে চিন্তা করেন তবে আপনি বৈজ্ঞানিক এবং আধ্যাত্মিক উভয় দৃষ্টিকোণ থেকেই একই উত্তর পাবেন।

যেখানে বিজ্ঞান বলে বিগ-ব্যাং-থিওরির কারণে মহাবিশ্ব সৃষ্টি হয়েছে। ভারতীয় আধ্যাত্মিক তত্ত্বগুলিও বলে যে আমাদের বেদে আমরা প্রথম যে শব্দটিকে "ওম" বলি তা এই মহাবিশ্ব থেকে উদ্ভূত হয়েছিল যার কারণে সমগ্র মহাবিশ্বের জন্ম হয়েছিল। উপরোক্ত উভয় তত্ত্বের তিনটি গুণের পরিবর্তনের কারণে এই সমস্ত পরিবর্তন ঘটে। যখন বিগ ব্যাং স্থির ছিল বা এর কোনও শব্দ ছিল না, তখন এটি ছিল তামস গুণ, এবং যখন শব্দ স্থানান্তর হয়েছিল, তখন রাজো গুণ ক্রিয়া এবং ক্রিয়াকলাপ হয়েছিল। এসব কর্মকাণ্ডের কারণে অনেক ইতিবাচক ও নেতিবাচক পরিবর্তন ঘটেছে। যখন এই পরিবর্তনগুলি নেতিবাচক হয়, তখন আমরা ভূমিকম্প, আগ্নেয়গিরি এবং জলবায়ু পরিবর্তনের মতো ঘটনাগুলি দেখতে পাই। আর এই পরিবর্তন যখন ইতিবাচক হয় তখন আমরা প্রকৃতিতে সবুজের

সমারোহ দেখতে পাই এবং সেখানকার বাসিন্দাদের মধ্যে আনন্দ বিরাজ করে।

যেহেতু আমরাও মহাবিশ্বের একটি অংশ, রজস গুণও আমাদের ইতিবাচক ও নেতিবাচক উপায়ে প্রভাবিত করে।

রজস গুণ কার্যকলাপ, উতসাহ, তৃষ্ণা, আগ্রাসন এবং বৃদ্ধির প্রতিনিধিত্ব করে। রজস গুণযুক্ত লোকেরা আবেগপ্রবণ, স্বার্থপর, অস্থির, অধৈর্য এবং রাজসিক।

আপনি নিশ্চয়ই এখানে এটা বুঝতে পেরেছেন যে যদি কোনও ক্রিয়া না ঘটে তবে বিষয় এবং বস্তু তত্ত্ব বা তমগুণ দ্বারা প্রভাবিত হয়।

রজস গুণ দ্বারা পরিচালিত ক্রিয়াকলাপগুলি কোনও মানুষের কর্ম সঞ্চয় করে বা অন্য কথায়, এটি একজন মানুষকে কর্ম করতে বাধ্য করে। এবং এটিও কর্মের অন্যতম সংজ্ঞা।

এখন তোমরা জানতে পেরেছ যে, আত্মা, তোমার মধ্যে যে 'আমি' আছে, সে ঐ সমস্ত কাজের হিসাব রাখে।

আপনি যদি বিরতি না দেন এবং কিছুটা চিন্তা না করেন তবে এই রজস গুণ আপনাকে খুব গুরুতরভাবে প্রভাবিত করতে পারে। রাজসিক গুণাবলীযুক্ত লোকেরা অন্যের সাথে প্রতিযোগিতা করে এবং তাদের লক্ষ্য অর্জনের জন্য লড়াই করে। কারণ রাজো গুণ প্রবণতা সব সময় বদলায় বলে মনে হয়। একটু সংযম বা মনোযোগ হারিয়ে গেলে বিপর্যয় ঘটার সম্ভাবনা থাকে।

নিম্নলিখিত অনুভূতিগুলির মাধ্যমে রজস গুণ কখন আপনাকে প্রভাবিত করতে পারে তা আপনি সনাক্ত করার চেষ্টা করতে পারেন।

1. ১. যখন কারো ইচ্ছা থাকে সবকিছু যত দ্রুত সম্ভব করে ফেলার।
2. ২. যখন কারও রাজনৈতিক বা আধ্যাত্মিক লক্ষ্য দ্রুত অর্জনের প্রবল ইচ্ছা থাকে।
3. ৩. যখন অসংখ্য চিন্তা মাথায় আসে এবং সেই চিন্তাগুলো কোনো না কোনোভাবে শরীর ও মনের জন্য দুঃখ বা আনন্দের কারণ হয়ে দাঁড়ায়।

এখন এটি আপনার উপর নির্ভর করে যে আপনি কীভাবে রজগুণকে ইতিবাচক দিকে নিয়ে যাবেন?

আপনি যদি রজস গুণকে ইতিবাচক দিকে নিয়ে যান তবে আপনি খুশি হবেন এবং সমাজে খ্যাতি অর্জন করবেন। অন্যদিকে, যদি রজস গুণকে নেতিবাচক ও অহংকারী দিকে নিয়ে যাওয়া হয়, তবে শেষ পর্যন্ত রাবণের মতো পরিণতি ভোগ করার জন্য প্রস্তুত থাকতে হবে।

পজিটিভ রজস গুণের কারণে আজ মানুষ প্রকৃতির অনেক রহস্য সম্পর্কে জানতে পেরেছে। রজঃগুণ ও তমগুণের ভারসাম্য রক্ষার চেষ্টা না করার সুবাদে আজ সমগ্র মানবজাতি প্রকৃতির সাথে কারচুপির অপরাধে যুদ্ধকালীন তৎপরতায়

অনেক সমস্যার মোকাবিলা করছে। এখন আমাদের খ্যাতিমান বিজ্ঞানীরাও স্বীকার করেছেন যে, আমরা যদি নিজেদের পরিবর্তন না করি তাহলে মহাবিশ্ব থেকে আমাদের অদৃশ্য হয়ে যাওয়ার শতভাগ সম্ভাবনা রয়েছে।

এসো আমরা আলোচনা করি কীভাবে রজস গুণকে নিজের জন্য দরকারী করা যায়। প্রথমত, আপনার শারীরিক এবং মানসিক শক্তি নিয়ন্ত্রণ করার চেষ্টা করুন। এই জীবন খুব সহজ, আপনি এটি গ্রহণ করুন।

আর যদি কুস্তিগীরের মতো আচরণ করে এই জীবন চালাতে চান তাহলে অবিলম্বে তা বন্ধ করে দিন।

আমি এমন একটি উদাহরণ দিচ্ছি কারণ যখন আপনার শরীর এবং মনে রজস গুণ প্রচলিত থাকে তখন প্রচুর পরিমাণে শক্তি নির্গত হয়। এই শক্তিকে ইতিবাচকভাবে ব্যবহার করা হ'ল রজস গুণের ভারসাম্য বজায় রাখা।

যখনই আপনি মনে করেন যে আপনার কোনও কাজের দ্রুত ফলাফল দরকার, তখন ধরে নিন যে রজস গুণ আপনার উপর আধিপত্য বিস্তার করছে। এখন আপনাকে একটি ভারসাম্য প্রক্রিয়া অবলম্বন করতে হবে। আপনি আপনার শারীরিক এবং মানসিক ক্রিয়াকলাপগুলিতে কিছুটা বিরতি দিয়ে এটি সহজ করতে পারেন। কারণ রজস গুণের প্রভাবে আপনি আপনার শারীরিক ও মানসিক ভারসাম্য হারাতে পারেন এবং যদি আপনি ভারসাম্য বজায় না রাখেন তবে আপনি সত্ত্ব গুণ রাজ্য থেকে

তমগুণে পরিণত হতে পারেন এবং তারপরে আপনার নেতিবাচক ক্রিয়া সম্পাদনের ন্যায্য সম্ভাবনা রয়েছে।

যখন রজস গুণ আধিপত্য বিস্তার করে, তখন একজন ব্যক্তির শরীর এবং মন স্থিতিশীল থাকে না, তিনি খুব দ্রুত তার সিদ্ধান্ত পরিবর্তন করতে থাকেন। শুধু তাই নয়, অনেক সময় সে আত্মবিশ্বাসও হারিয়ে ফেলে।

আচ্ছা, এই পার্থিব ও ব্যবহারিক জীবনে। শুধু রজস গুণার জন্য সব কর্মসূচি চলছে। কিন্তু রজস গুণের ব্যালান্সের অভাবে অনেক কাজও নষ্ট হয়ে যায়। সেজন্য রজস গুণের ভারসাম্য বজায় রেখে আপনি নিজের এবং মানবজাতির জন্য খুব গুরুত্বপূর্ণ ইতিবাচক পরিবর্তন আনতে পারেন।

আপাতত, আপনি এটি করতে পারেন যখন রজস গুণ শরীর বা মনকে কাজ করতে বলছে। কাজগুলোকে অনেক ছোট ছোট কাজে ভাগ করে নিতে পারেন। এতে এর প্রভাব কমবে। এবং সিদ্ধান্ত নেওয়া আপনার পক্ষে সহজ হবে এবং এই পরিস্থিতি আপনাকে পুণ্যময় গুণাবলীর দিকে নিয়ে যাবে।

শ্রী বিনোবা ভাবে তাঁর একটি বইয়ে একটি উদাহরণ দিয়ে এটি ব্যাখ্যা করার চেষ্টা করেছেন।

তিনি বলেন, পাহাড়ের চূড়ায় বৃষ্টির ফোঁটা পড়লে পর্বতটি তার ছোট ছোট ফাটলের মধ্যে পাঠিয়ে দেয়, যার কারণে বৃষ্টির তীব্রতা কমে যায় এবং পানির ফোঁটা কমে গেলে সেগুলোও অদৃশ্য (বিলুপ্ত) হয়ে যায়।

এটি একটি নির্দেশক উদাহরণ যা আপনি মনে রাখতে পারেন এবং এটি আরও সিদ্ধান্ত নিতে সহায়তা করবে।

3. সত্ত্ব গুণ

সামাজিক ও ব্যবহারিক জীবনে এটিই একমাত্র গুণ যা সকল বিষয়ের সর্বত্র উপস্থিত। কিন্তু আমরা ইচ্ছাকৃতভাবে তমঃ ও রজঃগুণের প্রভাবে সত্ত্ব গুণকে স্বীকৃতি দিতে অস্বীকার করি।

সত্ত্ব গুণ বিশুদ্ধতা, জ্ঞান, শান্তি, প্রেম এবং আনন্দের প্রতিনিধিত্ব করে। সত্ত্ব গুণাবলীসম্পন্ন ব্যক্তিরা দয়ালু, নিঃস্বার্থ, খাঁটি, বুদ্ধিমান ও পুণ্যবান হন। তাদের ঈশ্বরের প্রতি শ্রদ্ধা, ভক্তি এবং উতসর্গের অনুভূতি রয়েছে। তারা তাদের আত্মাকে অনুভব করার জন্য আধ্যাত্মিক অনুশীলন করে।

আমাদের চারপাশের সমস্ত বস্তু এবং আচরণও তিনটি গুণে বিভক্ত এবং আমরা এটি আগেও পড়েছি।

এখানে আপনি কীভাবে মঙ্গলভাবের গুণাবলী সনাক্ত করতে পারেন।

আপনি যদি ডায়েটের কথা বলেন, আপনি অবশ্যই শুনেছেন যে আমিষ খাবারকে তামসিক খাদ্য হিসাবে বিবেচনা করা হয়, যার জন্য অনেক বৈজ্ঞানিক তথ্য এবং প্রমাণ রয়েছে যা এটি প্রমাণ করে। তামসিক জাতীয় খাবার খেলে আপনার শরীরে কী কী পরিবর্তন হতে পারে, তা খাওয়ার পর তামসিক গুণাগুণের প্রবণতা প্রভাবশালী হয়ে ওঠে, আমিষ খাবার খেলে শরীরের

পরিপাকতন্ত্রে যে বেশি কাজ করে, বৈজ্ঞানিক তথ্য থেকেও একই ফল বেরিয়ে এসেছে। যার কারণে আপনার মনও অলসতায় ভরে যায়। কখনও কখনও মানুষের আচরণও আক্রমণাত্মক হয়ে ওঠে। অন্যদিকে আপনি যদি নিরামিষ বা সাত্ত্বিক খাবার খান তবে আপনার শরীর সহজেই এই খাবারটি অল্প সময়ের মধ্যে সংরক্ষণ করে এবং এটিকে শক্তিতে রূপান্তরিত করে। আর তখনই আপনার শরীরে নতুন সতেজতা আসার অনুভূতি হয়।

সত্ত্ব শনাক্ত করা খুব সহজ। উপরে উল্লেখিত প্রতিকারের মাধ্যমে যদি উপরে উল্লেখিত তমগুণ ও রজস গুণ আপনার শারীরিক ও মানসিক শরীর থেকে অপসারণ করা হয়, তাহলে যা অবশিষ্ট থাকে তাকে সত্ত্ব গুণ বলে।

এই বিষয়টিও এই মুহূর্তে আপনার কাছে কিছুটা জটিল বলে মনে হবে, তবে একবার আপনি কর্ম সম্পর্কে উত্তরটি আরও পড়ুন এবং কর্মের গুরুত্ব স্বীকার করুন, তবে এই অধ্যায় এবং এর গ্রহণযোগ্যতা সহজ এবং দরকারী বলে মনে হবে।

কারণ প্রকৃতির গুণগুলি কর্মের সাথে সম্পর্কিত। এই গুণগুলি আপনার ক্রিয়াকে ভাল কাজ (কর্ম) বা পাপের (কর্ম) রূপান্তরিত করে। আপনি পরবর্তী অধ্যায়ে বিস্তারিতভাবে কর্মফল বুঝতে সক্ষম হবেন।

4

কর্ম

1. কর্মফলের সংজ্ঞা কী?
2. কর্মের আধ্যাত্মিক ও ব্যবহারিক গুরুত্ব কী?
3. কর্মের সামাজিক গুরুত্ব কী?
4. ভাল কর্ম এবং খারাপ কর্ম বলতে কী বোঝায়?
5. কর্মযোগ, এর মধ্যে কর্মকে যোগ বলা হয় কেন?
6. কর্মযোগী কে?
7. আত্মার সাথে কর্মের সম্পর্ক কি?
8. কেন আমাদের কাজের ফল সম্বন্ধে আমাদের উদ্বিগ্ন হওয়া উচিত নয়?
9. পূর্বজন্মের কর্মের সাথে বর্তমান ও ভবিষ্যতের সম্পর্ক কী?

10. ভগবান শ্রীকৃষ্ণ কেন সর্বশ্রেষ্ঠ পবিত্র গ্রন্থ শ্রীমদ্ভগবত গীতায় কর্মকে এত গুরুত্ব দিয়েছিলেন?

11. একজন মানুষ কি তার কর্মের ফল ত্যাগ করতে পারে?

আমাদের চিন্তা, অনুভূতি এবং কর্মের সমগ্রতাকে কর্ম বলা হয়। মানুষ তার কর্মের দ্বারা আবদ্ধ এবং তার কর্ম অনুযায়ী নিজেকে বিকশিত করে, এই প্রক্রিয়া মৃত্যু ও পরবর্তী জীবন পর্যন্ত চলতে থাকে।

আমাদের জীবন কর্ম দ্বারা তৈরি এবং নিয়ন্ত্রিত হয়। আমরা আমাদের কর্মের (কর্মের) ফল পাই, তা ভাল বা মন্দ যাই হোক না কেন। আমাদের জন্ম, মৃত্যু, সুখ, দুঃখ, স্বর্গ, নরক এবং মোক্ষ সবই আমাদের কর্মের উপর নির্ভরশীল। কর্ম একটি জটিল বিষয় যা প্রতিটি ব্যক্তির সাথে সম্পর্কিত করে বোঝা সহজ নয়, তবে আমার পাঠকদের আশ্বস্ত হওয়া উচিত, আমি আমার কাজ করব, ফলাফল যাই হোক না কেন।

আপনারা নিশ্চয়ই ভাবছেন কেন আমি গীতার সারমর্ম বললাম, "নিজের কাজ করতে থাকো, ফলাফলের জন্য চিন্তা করো না"।

শ্রীকৃষ্ণ হয়ত এই বাক্যটি বলেছিলেন কারণ তিনি জানতেন যে সংসারী মানুষ তার ইচ্ছা পূরণ না হলে দুঃখিত ও হতাশ হবে, ঈশ্বর তার নিজের অংশ "জীবাত্মা" দুঃখী দেখতে পারেন না। এখানে সারমর্ম হলো, পার্থিব জিনিস ব্যবহার করো, কিন্তু সেগুলোর সাথে গুরুত্ব করো না এবং সেগুলোর উপর নিজের দখল স্বীকার করো না।

এখন আমরা কর্মকে আধ্যাত্মিকতার সাথে সংযুক্ত করে আলোচনা করব। আমাদের মুনি-ঋষিরা সঠিক পদ্ধতিতে

কর্ম সম্পাদনের জন্য নীতি দিয়েছেন যাতে যখন কর্ম হয়, তখন এই নীতিগুলির সাহায্যে কেউ কর্মের সঠিক পথ বেছে নেওয়ার সিদ্ধান্ত নিতে পারে এবং সেই কর্ম ভাল কর্মে রূপান্তরিত হয়।

শুধুমাত্র ভাল কর্মের মাধ্যমেই একজন মানুষ সুখী ও আনন্দময় জীবন যাপন করতে পারে।

ক্রিয়া বন্ধ করা কঠিন। কর্মকে কেউ থামাতে পারে না, কর্মের কারণে সমগ্র ব্রহ্মাণ্ড কাজ করছে এবং কর্ম একটি ক্রমাগত ঘটে যাওয়া কার্যকলাপে পরিণত হয়েছে। আপনি এই কর্মের বিষয় হতে পারেন বা এমনকি নিজেকে কর্মের কর্তা হিসাবে বিবেচনা করতে পারেন।

এখানে কর্ম কেবল একটি শারীরিক ক্রিয়া নয় বরং একটি মানসিক ক্রিয়াও। উদাহরণস্বরূপ, আপনি যখন সচেতন অবস্থায় বসে আছেন বা ভ্রমণ করছেন, সেই সময়েও আপনার মন আপনার ক্রিয়াকলাপ নিয়ন্ত্রণ করছে। এটা সম্ভব নয় যে আপনি কর্ম প্রক্রিয়ার অংশ নন। এটি তখনই সম্ভব যখন আপনি অনন্ত ঘুমে চলে গেছেন বা সম্পূর্ণ ঘোরের মধ্যে চলে গেছেন। পরবর্তী অধ্যায়ে সমাধি সম্পর্কে বিস্তারিত পাঠ করতে পারবে।

প্রিয় পাঠক, এখন আসুন আমরা জানার চেষ্টা করি এবং গ্রহণ করি কিভাবে কর্মের নীতিগুলির মাধ্যমে আমরা আমাদের ভাল কাজগুলি বাড়িয়ে তুলতে পারি এবং পাপ কাজের পরিণতি হ্রাস করতে পারি।

বিশ্বাস করুন বা না করুন, মহাবিশ্বে এবং আপনার জীবনে কোনও কারণ এবং ইচ্ছা বা আকাঙক্ষার উপস্থিতি ছাড়া কিছুই ঘটে না। এই আকাঙক্ষা আপনার বাইরের শরীর থেকে যাই আসুক না কেন, এটি প্রথমে আপনার অভ্যন্তরীণ স্বতে এবং তারপরে অভ্যন্তরীণ শরীর থেকে আপনার মস্তিষ্কে আসে। এর পরে আপনার মনে পদক্ষেপ নেওয়ার জন্য একটি আদেশ পাস হয়। যখন আপনার মন সিদ্ধান্ত সম্পর্কে চিন্তা করছে, এখানেই আপনি পুনরায় চিন্তা করার, বোঝার এবং সঠিক সিদ্ধান্ত নেওয়ার জন্য পুরো সময় পাবেন। এবং একই বিবেক দিয়ে আপনি এখন আপনার শরীরের অঙ্গ-প্রত্যঙ্গকে আদেশ দিতে পারেন। এই প্রক্রিয়াটি আপনার শরীরে সব সময় ঘটে।

কিন্তু সিদ্ধান্ত নেওয়া এত কঠিন হয়ে পড়ছে কেন? দুটি ইচ্ছার কারণে দুটি চিন্তা দুটি সিদ্ধান্ত দেয়, একটি ইতিবাচক এবং অন্যটি নেতিবাচক। যখন আপনার মনে কোনও ইচ্ছা আসে, তখন আপনাকে ধর্ম (ন্যায়সঙ্গত কর্তব্য) অনুসারে কাজ করতে হবে।

গীতায় বিভিন্ন ধরনের ধর্মের (কর্তব্য) মধ্যেও পার্থক্য করা হয়েছে, কয়েকটি নিম্নরূপ:

স্ব-কর্তব্য (সধর্ম): কারও নিজস্ব ব্যক্তিগত কর্তব্য, যা তার সহজাত গুণাবলী, ক্ষমতা এবং প্রবণতার উপর ভিত্তি করে।

জীবন পর্যায় কর্তব্য (আশ্রম-ধর্ম): আশ্রম-ধর্ম মানব জীবনের চারটি স্তরের উপর ভিত্তি করে,

1. ১. ব্রহ্মচর্য (ছাত্র),
2. ২. গৃহস্থ (গৃহস্থ),
3. ৩. বানপ্রস্থ (অবসরপ্রাপ্ত),
4. ৪. এবং সন্ন্যাস (ত্যাগ)

আশ্রম-ধর্ম হ'ল অবশ্যই কর্তব্যগুলি অনুসরণ করা উচিত যা একজন ব্যক্তির আধ্যাত্মিক বৃদ্ধি এবং বিকাশকে গাইড করে এবং জীবনের বিভিন্ন পর্যায়ে বিভিন্ন নিয়ম ও অনুশীলন নির্ধারণ করে।

আসুন আমরা ব্যক্তিগত জীবন থেকে একটি সহজ উদাহরণ নিই, একজন ডায়াবেটিস রোগী আছেন এবং আপনি তাকে রসগোল্লার মতো খাওয়ার জন্য মিষ্টি কিছু উপস্থাপন করেন।

আমরা সকলেই জানি যে শুধু আমরা নই একজন ডায়াবেটিক রোগীর মুখও জলে ভরে যাবে। তার একটি ইচ্ছা তাকে খাওয়ার আদেশ দেবে এবং অন্যটি তাকে তা করতে নিষেধ করবে। এখন এখানে রোগীর আত্ম-দায়িত্ব, যা তার নিজের স্বধর্ম এবং তাকে তার শরীরের প্রতি রোগীর ধর্ম কী তা বিবেচনা করতে হবে। এবং এই সিদ্ধান্তই কর্মের ফলাফল নির্ধারণ করবে। রোগী যদি নিজের স্বধর্ম ও রোগীর স্বধর্ম অনুযায়ী সিদ্ধান্ত নেয়, তাহলে রোগী ভালো কাজ করেছে, তার কর্মের ফল ভালো হবে। আর যদি সে তার স্বধর্ম অনুসরণ না করে তবে কর্মের ফলও খারাপ হতে পারে।

এটি একটি খুব সহজ উদাহরণ ছিল। কিন্তু তারপর জটিলতা দেখা দেয় যখন আমাদের ব্যবহারিক ও সামাজিক জীবনে ধর্ম অনুসরণ করতে হয়।

এখন আমরা কীভাবে নিজেদের জন্য এবং সমাজের জন্য কাজ করব? আমাদের কর্মের ক্ষেত্রে কোন নীতি ও নিয়ম অনুসরণ করা উচিত? কর্মের এই বিষয়টিকে আরও এগিয়ে নিয়ে যাওয়ার জন্য, আমাদের বিরতি দিতে হবে এবং শামাজিক ধর্মের (সামাজিক বাধ্যবাধকতা) বিষয়টি বুঝতে হবে, যখন সমাজে ন্যায়সঙ্গত ধর্ম অনুশীলন করা হয়, তখন এটি শামাজিক ধর্মের দিকে পরিচালিত করে

এখানে এই ধর্মকে কোনো ধর্মীয় বিশ্বাসের সঙ্গে যুক্ত করা উচিত নয়। আপনি যদি এটি করেন তবে এই ধর্ম যা আমরা আধ্যাত্মিকতার মাধ্যমে সংজ্ঞায়িত করতে চাই তা একজনের বিশ্বাস বা ভক্তির দিকে অগ্রসর হবে। আমরা পরবর্তী অধ্যায়ে ভক্তির এই বিষয়টিও আলোচনা করব।

এখন আসুন আমরা আবার ধর্ম ও কর্মের সাথে সংযোগ স্থাপন করি। এই বিশ্বব্রহ্মাণ্ডে স্থাবর ও অস্থাবর বস্তু ও বিষয়গুলি কিছু গুণের সাথে সংযুক্ত থাকে এবং তারা সেই প্রকৃতি অনুসারে কাজ করে চলে। আজ বিজ্ঞানও এই জিনিসটিকে বোঝার চেষ্টা করছে যাকে আমরা প্রাকৃতিক বলি। এমনকি বিজ্ঞানও সব অজানার জন্য প্রাকৃতিক শব্দটি উদ্ধৃত করে এটি বলে।

কিন্তু আধ্যাত্মিকতায় আমরা প্রত্যেক জীবের প্রকৃতিগত বৈশিষ্ট্যকে তার নির্দিষ্ট কর্মের সাথে সংযুক্ত করি এবং আমরা এই প্রবণতাকে তার স্বধর্ম বলে মনে করি। স্বধর্মের অর্থ সেই নিয়ম যা আমাদের নিজেদের সাথে সম্পর্কিত, যা আমাদের অনুসরণ করতে হবে, যা আমাদের প্রকৃতি।

আসুন আমরা এই বিষয়টিকে কিছুটা সরল করে এবং কিছু আধ্যাত্মিক উদাহরণ ব্যবহার করে বোঝার চেষ্টা করি।

মহাবিশ্বে সূর্য দেবতার কর্তব্য হল সমগ্র মহাবিশ্ব এবং মহাবিশ্বের সমস্ত জীবিত ও নির্জীব বস্তুকে অবিচ্ছিন্ন আলো সরবরাহ করা। আর সূর্যদেব কেবল তাঁর স্বধর্মকেই অনুসরণ করেন। সূর্যদেব সর্বদা এই কাজ ও কাজ করে চলেছেন। আর এই ইতিবাচক কর্মফল জগতের সকল প্রাণী, উদ্ভিদ ও প্রাণীকে বাঁচিয়ে রাখে। তাই সূর্যদেব আমাদের কাছে পূজিত হন। আর এই কারণে মন্দিরের প্রদীপ, ঘরের আলো বা অন্য যে কোনও আলো যা ব্যবহার করা হয় না, আমরা সূর্য দেবতার অংশ হিসাবে বিবেচনা করি।

আসুন আমরা আরেকটি উদাহরণ গ্রহণ করি, যদি আমরা বাঘের মতো একটি প্রাণীর প্রকৃতি সম্পর্কে চিন্তা করি, তবে তার প্রকৃতি মাংসাশী। তবে তাঁর স্বধর্মে বলা হয়েছে যে তিনি অন্যান্য জীবকে খাদ্য হিসাবে ব্যবহার করতে পারেন এবং তিনি নিজের ধর্ম অনুসারে জীবকে হত্যা করেন। এটা তার অপকর্ম হতে পারে না।

এখন আসুন আমরা আরও ব্যবহারিক উদাহরণের মাধ্যমে এটি বোঝার চেষ্টা করি। যখন একজন ডাক্তার (সার্জন) অসুস্থ রোগীর শরীরের একটি অংশ ব্যবচ্ছেদ করেন এবং কোনও কারণে তিনি মারা যান। তাহলে আমরা বলতে পারি যে ডাক্তারের উপর কর্মের কোনও খারাপ প্রভাব নেই, কারণ সামাজিক ও ব্যবহারিকভাবে তিনি তাঁর স্বধর্ম অনুসরণ করছিলেন।

আসুন আমরা একজন গৃহকর্তার পরিবার থেকে আরেকটা উদাহরণ বিবেচনা করি। প্রত্যেক গৃহস্থের উচিত তার পরিবারকে লালন-পালনের জন্য কঠোর পরিশ্রম করা।

কিন্তু সেই কাজটি যখন প্রতারণা, অসততা বা অন্যের ক্ষতি করার উদ্দেশ্যে করা হয়, তখন সেই কাজটি খারাপ কাজ বা পাপে পরিণত হয়।

আমার প্রিয় পাঠকদের কেউ কেউ হয়তো বলবেন, "অনেক সময় এই পৃথিবীতে একজন মানুষ অসততা ছাড়াই ক্ষুধায় মারা যায়। পেটের ক্ষুধা মেটানোর জন্য অসততায় লিপ্ত হতে পারে এটা কি তার জন্য বৈধ কর্ম বা কর্তব্যের সংজ্ঞা নয়? "

ভাল কর্ম এবং খারাপ কর্মের মধ্যে খুব পাতলা রেখা রয়েছে। এই সামাজিক ও ব্যবহারিক জীবনে ভাল কাজ করতে গিয়ে আমরা অনেক সমস্যার সম্মুখীন হতে পারি। আমাদের অনেক কিছু ছেড়ে দিতে হতে পারে, অনেক পরীক্ষার সম্মুখীন হতে হতে পারে আর যখন আমরা ধৈর্য, চিন্তাশীলতা, ত্যাগ এবং

কষ্ট নিয়ে সেই পরীক্ষায় এগিয়ে যাই, তখন এটি আমাদের ভাল কর্মের পরিণাম হয়ে ওঠে এবং এখানে আমি আপনাকে বলতে চাই যে এই ভাল কর্ম আপনাকে আত্মবিশ্বাস, সন্তুষ্টি দেবে। এটি আপনার আত্মাকে খুশি করে তোলে এবং এখানেই কর্ম আত্মার সাথে সংযুক্ত হয় এবং আত্মা যা আপনার দেহ থেকে পৃথক, সেই কর্মগুলি গ্রহণ করে এবং আপনাকে কোনও আনন্দময় জগতে ফিরিয়ে নিয়ে যায়।

অতএব, আমি পরামর্শ দেব যে আপনি আপনার নিজের ধর্ম, আশ্রম ধর্ম এবং সামাজিক ধর্ম সম্পর্কে চিন্তা করে আপনার কাজটি করুন।

আমার প্রিয় পাঠকদের জন্য, আমি ধর্মের ধরণের সংজ্ঞা ভাগ করতে চাই যা কারও কর্তব্য, ভূমিকা বা জীবনের উদ্দেশ্য হিসাবে বোঝা যায়। গীতা অনুসারে, ধর্ম একটি স্থির বা অনমনীয় ধারণা নয়, বরং একটি গতিশীল এবং আপেক্ষিক ধারণা, যা তার প্রকৃতি, পরিস্থিতি এবং জীবনের পর্যায়ের উপর নির্ভর করে। গীতা শিক্ষা দেয় যে একজনের স্বধর্ম অনুসরণ করা উচিত, এমনকি যদি এটি অসম্পূর্ণ হয়, অন্য কারও ধর্ম অনুকরণ না করে, যা আরও পুণ্যময় হতে পারে তবে তার ব্যক্তিত্ব এবং পরিস্থিতির জন্য অনুপযুক্ত। এতে করে জন্ম-মৃত্যুর চক্র থেকে শান্তি, সুখ ও মুক্তি লাভ করা যায়।

গীতা আরও ব্যাখ্যা করে যে ধর্ম কোনও অনমনীয় বা গোঁড়া আইন নয়, তবে একটি নমনীয় এবং যুক্তিসঙ্গত নীতি যা

সময়, স্থান এবং পরিস্থিতি অনুসারে সামঞ্জস্য করা যেতে পারে। উদাহরণস্বরূপ, কৃষ্ণ অর্জুনকে বলেছিলেন যে যুদ্ধের বর্তমান পরিস্থিতিতে, ক্ষত্রিয় হিসাবে তাঁর ধর্ম হ'ল ন্যায়বিচারের জন্য লড়াই করা এবং ধার্মিকদের রক্ষা করা, এমনকি যদি এর অর্থ তাঁর আত্মীয় এবং শিক্ষকদের হত্যা করা হয়, যারা দুর্নীতিগ্রস্ত ও অধর্মিক হয়ে উঠেছে। কৃষ্ণ অর্জুনকে আরও বলেছিলেন যে তিনি ফলাফলের প্রতি আসক্তি ছাড়াই ঈশ্বরের কাছে বলিদান হিসাবে তাঁর কর্ম সম্পাদন করে কর্মের (ক্রিয়া এবং প্রতিক্রিয়া) সাধারণ ধর্মকে অতিক্রম করতে পারেন। এতে করে তিনি ভক্তির সর্বোচ্চ ধর্ম অর্জন করতে পারেন, যা সকল ধর্মের চূড়ান্ত লক্ষ্য।

অতএব, গীতা শিক্ষা দেয় যে ধর্ম একটি স্থির বা পরম ধারণা নয়, তবে একটি গতিশীল এবং আপেক্ষিক, যা তার প্রকৃতি, পরিস্থিতি এবং লক্ষ্যের উপর নির্ভর করে।

আসুন আমরা কর্মের ফলাফল সম্পর্কে আরও কিছুটা জানি, যেমন আমরা শুরুতে পড়েছিলাম যে একজনকে কর্ম চালিয়ে যেতে হবে তবে ফলাফল সম্পর্কে চিন্তা করা উচিত নয়। আজকের তরুণরা জীবনের লক্ষ্য স্থির করার পর সর্বদা তার ফলাফল নিয়ে উদ্বিগ্ন থাকে। আমরা যদি আমাদের লক্ষ্যের প্রতি এতটুকু বিশ্বাস রাখি, তাহলে এটা নিয়ে আমাদের উদ্বিগ্ন হওয়ার কিছু নেই। বর্তমান কাজটি করার জন্য আমাদের সম্পূর্ণ অবদান রাখা উচিত। কিন্তু তা তো হয় না, আজ আমরা ভাবতে থাকি লক্ষ্য অর্জনে ব্যর্থতা হলে কি হবে, নানা পার্থিব সমস্যা

দেখা দিতে পারে। ফলাফল আকাঙক্ষা করে, আপনার শারীরিক এবং মানসিক শক্তি নষ্ট হতে থাকে।

আপনি যদি নিজেকে কেবল একটি মাধ্যম হিসাবে বিবেচনা করেন এবং লক্ষ্যের ফলাফল সম্পর্কে চিন্তা না করেন তবে নেতিবাচক চিন্তাভাবনা আপনার মনে আসবে না এবং আপনি কেবল আপনার কাজের দিকে মনোনিবেশ করবেন। এতে করে আপনি অহংকার ও অহংকার ছাড়াই আপনার লক্ষ্য অর্জন করতে পারবেন।

এছাড়াও, আপনি যদি আপনার লক্ষ্য অর্জন করতে না পারেন তবে আপনি অপরাধবোধ বোধ করবেন না। আপনি মনে করেন যে আপনি আপনার সম্পূর্ণ অবদান রেখেছেন এবং অনেক কিছু শিখেছেন। এইভাবে আপনাকে আবার উন্নতি করার জন্য কঠোর পরিশ্রম করতে হবে। এইভাবে, আপনি অন্যদের জন্যও আইডল হয়ে উঠবেন।

আপনি যদি এতক্ষণ কর্মফল সম্পর্কে সামান্যও বুঝতে পারেন, তবে আমাকে বিশ্বাস করুন, আপনি আপনার জীবনে শ্রীমদ্ভগবত গীতার কিছু অংশ ব্যবহার করতে সক্ষম।

আপনি যেমন বুঝতে পেরেছেন, কেউ কর্ম থেকে পালাতে পারে না, তবে আপনি যদি কর্মের নীতি অনুসারে কাজ করেন তবে আপনাকে কর্মযোগী বলা হবে। কর্মযোগী সর্বদাই পুণ্য অর্জন করতে থাকেন। কারণ একজন কর্মযোগীর জন্য স্বধর্ম ও সামাজিক ধর্মে উল্লিখিত যেকোনো কাজ শুধু একটি কর্ম

নয়, তাঁর কাছে তা তপস্যা, পূজা, পূজার মতো হয়ে যায়। শেষ পর্যন্ত, পূজার ফলাফল প্রসাদ (পবিত্র আশীর্বাদ) আকারে প্রাপ্ত হয়, তবে স্বধর্ম অনুসরণ করে, কর্মযোগী প্রতি মুহূর্তে সন্তুষ্টি ও আনন্দ রূপে তার প্রসাদ পেতে থাকে।

শ্রীকৃষ্ণ গীতায় বলেছেন যে যিনি কর্মের ফলের আশা না করে তার কর্তব্য সম্পাদন করেন তিনি সন্ন্যাসী এবং কর্মযোগী উভয়ই। আসুন আমরা কর্মের আরেকটি দিক দেখি, জীবনের প্রতিটি ব্যক্তি তার পছন্দসই কাজটি বেছে নেয়, অন্যথায় সে কাজটি করতে চায় না, তবে এটাও স্বার্থপরতা বলা হয়। আপনি যদি কর্মযোগী হন এবং এই মহাবিশ্বের অংশ হন তবে আপনাকে আপনার দায়িত্ব পালন করতে হবে অন্যথায় নেতিবাচক চিন্তাভাবনা আপনাকে পীড়া দিতে থাকবে।

আমাদের প্রতিটি দিনকে একটি নতুন দিন হিসাবে বিবেচনা করা উচিত এবং ক্লান্তি বোধ না করে সমস্ত কাজকে দৈনন্দিন কাজ হিসাবে করা উচিত। একজন কর্মযোগীর উচিত তার প্রতিটি কাজ আনন্দ ও খুশির সাথে শেষ করার চেষ্টা চালিয়ে যাওয়া।

গীতায় শ্রীকৃষ্ণ অর্জুনকে বলেছিলেন, "হে অর্জুন, ত্রিভুবনে আমার কোন কর্তব্য নাই, এবং আমার পক্ষে অর্জনযোগ্য বা অপ্রাপ্য কিছুই নাই; তারপরও কাজ করে যাচ্ছি।".

এই কারণেই, ঈশ্বর বহুবার অবতীর্ণ হয়েছেন এবং কর্মের পথে চলার পথ আমাদের শিখিয়েছেন। ভগবান শ্রীকৃষ্ণ স্বয়ং গোয়ালা হিসাবে এসেছিলেন এবং পশুদের সেবা করেছিলেন, তিনি নিজে অর্জুনের সারথি হয়েছিলেন এবং অর্জুনের রথের ঘোড়াগুলির সেবা করেছিলেন এবং একই প্রভু দ্বারকার রাজা হয়েছিলেন এবং মানুষের সেবা করেছিলেন।

আমরা বলতে পারি যে আপনি ঈশ্বরের প্রতি বিশ্বাস রেখে দায়বদ্ধতার যত্ন নেন। এটি করে আপনি ধীরে ধীরে আত্মার সাথে সংযোগ স্থাপনের দিকে আরেক ধাপ এগিয়ে যান।

যখন আপনি আপনার কর্মের ফলাফল কামনা করেন না, তখন আপনি পারিবারিক জীবনে নিঃসঙ্গ হয়ে যান। আপনার মন একাগ্র হয়ে ওঠে এবং একরকম ধ্যানে লিপ্ত হয়। আমরা পরবর্তী অধ্যায়ে এই ধ্যানটি বুঝব এবং আলোচনা করব।

যেমনটি আমি বলেছি, এই সমস্ত অধ্যায়গুলি একটি লিঙ্ক হিসাবে একে অপরের সাথে সংযুক্ত, তবে সবার লক্ষ্য একই।

5

ধ্যান

1. আমরা কি ধ্যান এবং আধ্যাত্মিক অনুশীলনের মাধ্যমে আত্মার সাথে সংযোগ স্থাপন করতে পারি?
2. সর্বোপরি, মানুষের মন এমন চঞ্চল প্রকৃতির হওয়া সত্ত্বেও কীভাবে কেউ মনোনিবেশ করতে পারে?
3. ধ্যান ও সাধনার পথ এবং তার অনুশীলন কি কেবল একজন সন্ন্যাসীর দ্বারা অনুসরণ করা যেতে পারে?
4. সবাই কি এটা চর্চা করতে পারে না? যদি হ্যাঁ হয়, তাহলে একজন গড়পড়তা ব্যক্তি, ছাত্র এবং যুবকরা তাদের দৈনন্দিন রুটিনে এটি থেকে কী সুবিধা পাবে?

আসুন আমরা আরও একবার আধ্যাত্মিকতার মূল লক্ষ্যের পুনরাবৃত্তি করি। আধ্যাত্মিকতার চূড়ান্ত লক্ষ্য হ'ল পরম সুখ, পরম আনন্দ, শান্তি, মোক্ষ, মুক্তি এবং পরমাত্মার সাথে জীবাত্মার মিলন অর্জন করা। আমি এখানে সবগুলোর আলাদা আলাদা নাম দিচ্ছি, কিন্তু এগুলো সবই একই অনুভূতির ভিন্ন ভিন্ন নাম।

উদাহরণস্বরূপ, একটি পাহাড়ের চূড়ায় যাওয়ার বিভিন্ন পথ থাকতে পারে। একইভাবে, আপনি যোগ, আত্ম-জ্ঞান, কর্ম, ধ্যান, সাধনা এবং ভক্তির মাধ্যমেও চূড়ান্ত লক্ষ্য অর্জন করতে পারেন। এখানে ভক্তি শব্দটি চালু করা হয়েছে যা আপনার মনে বিভিন্ন ধরনের প্রশ্ন জাগাতে পারে। তবে নিশ্চিন্ত থাকুন, পরবর্তী অধ্যায়েও আমরা ভক্তিকে বোঝার চেষ্টা করব।

এখন আমরা সহজ উপায়ে মেডিটেশনকে বোঝার চেষ্টা করব।

ধ্যান মানে একাগ্রতা বা চিন্তার পরিব্যাপ্তি। মেডিটেশন মনকে শান্ত ও সুস্থ করে তোলে, একাগ্রতা ও স্মৃতি শক্তি বাড়ায়, মানসিক চাপ ও উদ্বেগ কমায়, আত্মবিশ্বাস ও আত্মোপলব্ধির অনুভূতি দেয়।

ধ্যানের প্রক্রিয়ার মধ্যে রয়েছে উপাসনা, যোগব্যায়াম, একাগ্রতা, জপ, উপবাস, তপস্যা ইত্যাদি। ধ্যানের মাধ্যমে, একজন ব্যক্তি তার মনকে শুদ্ধ করে, শান্ত করে এবং কেন্দ্রীভূত করে এবং তার পরমাত্মার সাথে ঐক্য অনুভব করে।

ধ্যান এবং সাধনা একটি আধ্যাত্মিক পদ্ধতি যা মনকে শান্ত অবস্থায় আনতে সহায়তা করে যা আপনাকে মানসিক ও শারীরিকভাবে সুস্থ রাখে এবং আপনার জীবনধারা এবং দৈনন্দিন রুটিনকে সুখী করে তোলে। এখন পশ্চিমা দেশগুলি ধ্যানকে (Meditation) নাম দিয়েছে, যার অর্থ ধ্যান বা মেডিকেয়ার হিসাবেও নেওয়া হয়েছে।

এর থেকে বোঝা যায় যে বিশ্বও বুঝতে পেরেছে যে ভারতের ঋষিদের দেওয়া ধায়ন ও সাধনা ক্রিয়া এবং তার পদ্ধতিগুলি সম্পূর্ণ স্বাস্থ্য বজায় রাখার জন্য অত্যন্ত গুরুত্বপূর্ণ।

এখন আমরা যদি ধ্যানকে বুঝতে চাই তাহলে বলতে পারেন আত্মাকে পরমাত্মা (শাশ্বত আত্মা বা ঈশ্বর) এর সাথে যুক্ত করার প্রয়াস। সাধনার জন্য একজনকে নিয়মিত এটি অনুশীলন করা উচিত এবং নিজের গুরুর নির্দেশনা অনুসরণ করা উচিত, যদি আপনি সত্যিকারের একজন পাওয়ার ভাগ্যবান হন। ভারতে, জ্ঞান, কর্ম, যোগ এবং ভক্তির মতো সাধুদের সাধনার বিভিন্ন রূপ রয়েছে।

সাধুদের সাধনায় নির্গুণ ভক্তির একটি গুরুত্বপূর্ণ স্থান রয়েছে, যেখানে তারা ঈশ্বরকে নাম, রূপ, পুণ্য এবং লীলা বর্জিত বলে মনে করে। সাধুদের আধ্যাত্মিক অনুশীলনের মধ্যে ভক্তি, সৎসঙ্গ, গুরু, নাম জপ, ত্যাগ, দান, আত্ম-মিলন ইত্যাদি উপাদান অন্তর্ভুক্ত রয়েছে। সাধুদের সাধনার উদ্দেশ্য হ'ল আপনার মনকে শুদ্ধ করা, শান্ত করা এবং একাগ্র করা এবং আপনার আত্মার

প্রকৃতি জানা। সাধুগণের উপাসনা করিয়া জগতের মায়া ও দুঃখ হইতে মুক্ত হন এবং ঈশ্বরের প্রেম ও আনন্দ অনুভব করেন।

মেডিটেশন সম্পর্কে এমন অনেক নেতিবাচক ধারণা আমাদের চারপাশে ছড়িয়ে আছে যেমন কেউ হয়তো বলতে পারেন যে আপনার যদি কোনো কাজ না থাকে তাহলে আপনার ধ্যান করা উচিত, সাধনা করা উচিত। আবার কেউ কেউ বলবেন, পার্থিব জীবন ত্যাগ করে সন্ন্যাস গ্রহণ করে ধ্যান ও সাধনা করুন। এবং আপনি আপনার সামনে এবং আপনার চারপাশে অন্যান্য অনুরূপ জিনিস এবং ধারণাগুলি শুনতে এবং দেখতে পাবেন।

কিন্তু আপনার জানা উচিত, এ সবই হচ্ছে অজ্ঞতার কারণে। আমরা যে জ্ঞান অর্জন করেছি তা ভাগ করে নেওয়ার চেষ্টা করা উচিত। একটু হলেও তা যেন কোনো না কোনো মাধ্যমে আমাদের চারপাশে ঘুরতে থাকে, যাতে নেতিবাচক চিন্তাকে কিছুটা হলেও ইতিবাচক চিন্তায় রূপান্তরিত করা যায়।

আপনি আপনার জীবনে ধ্যান অনুশীলন শুরু করার সাথে সাথে আপনি অনেক ইতিবাচক ফলাফল পাবেন। কিছু নিচে দেওয়া হল,

- ❖ আপনার জীবনের আনন্দ বাড়বে।
- ❖ আপনার চিন্তাভাবনা এবং কথোপকথন আরও পরিষ্কার হয়ে উঠবে।
- ❖ আপনি সম্পূর্ণ সন্তুষ্টি অনুভব করবেন।

- ❖ জীবনের সবচেয়ে কঠিন সিদ্ধান্ত নেওয়া আপনার পক্ষে সহজ হবে।
- ❖ কেবল মানসিক উপকারই নয়, আপনি ধ্যান এবং সাধনা থেকে শারীরিক সুবিধাও পান।

এগুলো কিছু অভিজ্ঞতা মাত্র, কিন্তু প্রত্যেক মানুষের সাথে আরো অনেক অভিজ্ঞতা জড়িয়ে আছে যা আপনি ভাষায় লিখতে পারবেন না। আমরা যোগব্যায়ামে শিখেছি, আজকের জীবনশৈলী এমন অনেক রোগের জন্ম দিয়েছে যাকে বিজ্ঞান ও চিকিৎসা বিজ্ঞান মানসিক চাপ, উচ্চ রক্তচাপ, স্ট্রেস বা জীবনধারা সম্পর্কিত রোগ বা পেশী সিস্টেমের রোগ হিসাবে অভিহিত করেছে। আপনি নিশ্চয়ই আপনার আশেপাশের আত্মীয়স্বজন এবং বন্ধুদের কাছ থেকে এই সমস্ত অভিযোগ সম্পর্কে শুনেছেন।

এই ধরণের জীবনযাত্রার রোগগুলির জন্য ধ্যান সর্বোত্তম প্রতিকার হতে পারে। ধ্যানের মাধ্যমে, প্রাণবন্ত (অত্যাবশ্যক বায়ু) প্রবাহ সহজ হয়ে যায় এবং এটি শরীরের প্রতিটি অংশে পৌঁছায় এবং শরীরের অঙ্গগুলির সাথে যুক্ত শক্তি নিয়ন্ত্রণ করে। এটি আপনার মানসিক এবং শারীরিক কার্যকলাপে সামান্য বিরতি দেয় এবং এই প্রভাবগুলি আপনাকে আপনার জীবনযাত্রার কারণে সৃষ্ট রোগ থেকে মুক্তি দেয়।

আপনি আরও দেখতে পাবেন যে ধ্যান আপনাকে আপনার আচরণে পরিবর্তন আনতে সহায়তা করে যেমন রাগ নিয়ন্ত্রণ, ক্ষুধা নিয়ন্ত্রণ করা, এমনকি ঘুম।

আপনি মেডিটেশনের উপকারিতা দেখেছেন কিন্তু এখন আপনি এটি কীভাবে করবেন তা জানতে চান?

আসুন আমরা কীভাবে ধ্যান করব তা বোঝার চেষ্টা করি। মেডিটেশন খুবই সিম্পল একটি প্রক্রিয়া কিন্তু ধীরে ধীরে যখন তা সাধনার রূপ নেয় তখন ব্যাপারটা একটু জটিল হয়ে যায়। আজকাল অনেক ধ্যান, গুরু এবং ধ্যান অনুশীলনকারী এটিকে বহুমুখী উপায়ে জনপ্রিয় করেছেন যাতে এটি সবার পক্ষে সহজ হয়ে যায় এবং তারা সহজেই এটি গ্রহণ করতে পারে। পদ্ধতি যাই হোক না কেন, লক্ষ্য একই, যেমনটি আমি বলেছিলাম, সুখ এবং আনন্দ সন্ধান করা।

মেডিটেশন একটি অন্তর্মুখী পদ্ধতি। এটি আপনাকে বস্তুগত জগৎ থেকে দেহের অভ্যন্তরীণ আত্মায় নিয়ে যায় এবং কেবল যখন আপনি অন্তর্মুখী হন, তখন আপনি আপনার আত্মার সাক্ষাতকার নেওয়ার সুযোগ পান এবং এটিই সেই লিঙ্ক যা ধ্যানকে আত্মার সাথে সংযুক্ত করে।

ধ্যানের সংজ্ঞা চুপচাপ বসে থাকা নয়, কারণ আপনার অস্থির মন সর্বদা কাজ করছে। ধ্যান আপনাকে বাহ্যিক চিন্তাভাবনা থেকে সরিয়ে আপনার মনকে একটি প্রদত্ত লক্ষ্যে কেন্দ্রীভূত রাখার চেষ্টা করে।

এই লক্ষ্যটি যে কোনও কিছু হতে পারে, একটি শব্দ, একটি ছবি, একটি মন্ত্র বা একটি নাম জপ করা। এর অন্যতম কারণ হলো এই মেডিটেশন পদ্ধতি সবার জন্য এক রকম নয় যেখানে সবাইকে একইভাবে বসে বুঝিয়ে তোলা যায়।

প্রত্যেক মানুষের মন ও তার ব্যক্তিগত চরিত্র তার মনের মধ্যে প্রতিনিয়ত জেগে ওঠা প্রশ্নের উত্তর খুঁজতে ব্যস্ত। অতএব, প্রতিটি ব্যক্তির আচরণ এবং বর্তমান অবস্থার কথা মাথায় রেখে, কারও পক্ষে শব্দের দিকে মনোনিবেশ করা, কারও পক্ষে নাম-জপ জপ করা, কারও পক্ষে শ্বাস-প্রশ্বাসের গতিতে মনোনিবেশ করা এবং কারও পক্ষে ছবিতে মনোনিবেশ করা বাঞ্ছনীয়। আর একে মেডিটেশনের প্রথম পর্যায় বলা হয়।

আমরা পূর্ববর্তী অধ্যায়ে পড়েছি যে ধ্যান হ'ল আস্তং যোগের রূপ। এছাড়াও ধ্যানে আমরা সুখসন, পদ্মাসন, প্রাণায়াম-মুদ্রার মতো যোগভঙ্গি ব্যবহার করি এটি এখানে প্রমাণিত হয়েছে যে ধ্যান আপনাকে আপনার আত্মাকে সংযুক্ত করতে এবং সেই চূড়ান্ত সুখ এবং আনন্দ অর্জনে সহায়তা করে।

আপনি যে কোনও সাধারণ যোগব্যায়ামের ভঙ্গিতে বসে ধ্যান করতে পারেন বা আপনি যদি সুস্থ বোধ করেন তবে পদ্মাসন ভঙ্গিতে চেষ্টা করুন।

শুরুতে মেডিটেশন করা একটু কঠিন। কারণ অনেক বাহ্যিক এবং অভ্যন্তরীণ কারণ রয়েছে যা আপনাকে এবং আপনার মনকে বিরক্ত করতে পারে। কিন্তু আপনার এটাও মেনে

নেওয়া উচিত যে ধ্যানের মূল কাজ হল আপনাকে সমস্ত বাহ্যিক এবং অভ্যন্তরীণ ক্রিয়া এবং চিন্তাভাবনা থেকে মুক্ত করা এবং আপনাকে অনুশীলন চালিয়ে যেতে এবং কেবলমাত্র একটি নির্দিষ্ট লক্ষ্যের প্রতি মনোনিবেশ করতে সহায়তা করা।

আধ্যাত্মিকতা বিষয়ের এই পর্যায়ে এসে আমার পাঠকদের মনে জেগে ওঠা অনেক প্রশ্ন আমি বুঝতে পারি। কোথাও আপনি আধ্যাত্মিকতা বুঝতে কিছুটা জটিল মনে করতে পারেন, তবে এর জন্যও একটি বৈধ কারণ রয়েছে। আমি বিশ্বাস করি, আগে এটি এত কঠিন বিষয় ছিল না কারণ কোথাও কোথাও গুরুকুল বিশেষায়িত আধ্যাত্মিক শিক্ষার প্রভাব সারা ভারত জুড়ে ছিল যেখানে ধ্যান, সাধনা, যোগ এবং ভক্তি একাডেমিক বিষয় হিসাবে শেখানো হত। আজকাল আমাদের স্কুলগুলোর কারিকুলামে এমনটা হয় না। সম্ভবত এই কারণেই আমাদের শরীর, মন এবং মস্তিষ্ক এটি গ্রহণ করতে খুব কঠিন বলে মনে করে।

কিন্তু আপনাদের খুশি হওয়া উচিৎ যে আজ সারা বিশ্ব এই অনন্য আবিষ্কারের প্রশংসা করছে, যাকে ভারতীয় মুনি-গুরুরা জনপ্রিয় করে তুলেছেন।

ধ্যান করার প্রস্তুতি নিচ্ছেন

- ❖ ধ্যানের জন্য প্রস্তুত করার আগে, নিশ্চিত হয়ে নিন যে এটি মননের প্রক্রিয়া নয়, বা এটি

সম্মোহনের পদ্ধতিও নয়। মেডিটেশন এতটাই সরল যে আপনি শরীরের কোনও ইন্দ্রিয়কেই নিয়ন্ত্রণ করতে পারেন না। একজন পর্যবেক্ষক হিসাবে আপনার, আপনার দেহের অভ্যন্তরে ঘটে যাওয়া ক্রিয়াকলাপগুলি অনুভব করা উচিত। মেডিটেশন করার আগে আপনাকে কিছু মেডিটেশনের পূর্বশর্ত ও নিয়ম বুঝতে হবে। কিছু নিচে দেওয়া হল,

- ❖ প্রথমত, আপনাকে জানতে হবে কীভাবে শরীরকে শিথিল অবস্থায় আনা যায়।
- ❖ কীভাবে আপনার শরীরকে একটি আরামদায়ক ভঙ্গি দেওয়া যায়।
- ❖ আপনার শরীরের প্রতিটি অংশে প্রবাহিত শ্বাস-প্রশ্বাসের দিকে মনোনিবেশ করার অনুশীলন করুন।
- ❖ চিন্তাগুলি আসুক এবং যেতে দিন এবং শারীরিক বা মানসিকভাবে তাদের প্রতিক্রিয়া দেখাবেন না।

ধ্যানের পদ্ধতি এবং এর উপকারিতা

আপনার লক্ষ্য, আগ্রহ এবং অনুশীলন ধ্যানের পদ্ধতি নির্ধারণ করে। অনেক ধর্ম ও ঐতিহ্যে ধ্যানের বিভিন্ন ধরন এবং পদ্ধতি রয়েছে, যেমন বৌদ্ধ ধ্যান, জৈন ধ্যান ইত্যাদি।

শুরু করার জন্য, আপনি ধ্যানের জন্য একটি শান্ত এবং পরিষ্কার জায়গা চয়ন করতে পারেন, যেখানে আপনার কোনও বাধা থাকবে না। মেডিটেশন করার আগে শরীর সুস্থ থাকতে হবে। আপনি যদি এমন কোনো রোগের চিকিৎসা করাচ্ছেন যা আপনাকে কিছুটা অস্বস্তিকর করে তোলে, তাহলে শরীর রোগমুক্ত হওয়ার জন্য কিছুদিন অপেক্ষা করা উচিত। এছাড়াও ধ্যান করার আগে, আপনার শরীর এবং মন বিশুদ্ধ এবং পবিত্র করুন। আপনি স্নান করতে পারেন, দাঁত ব্রাশ করতে পারেন, আপনার অঙ্গবিন্যাস সংশোধন করতে পারেন, আপনার শরীরকে আরামদায়ক পোশাক পরতে পারেন, আপনার মনকে শান্ত করতে কয়েকটি গভীর শ্বাস নিতে পারেন। এছাড়াও ধ্যানে বসার আগে হালকা হাত ও পায়ের ব্যায়াম যেমন স্ট্রেচিং বা সাধারণ যোগাসন করার চেষ্টা করুন।

আরামদায়ক অবস্থানে বসবে

উপরে উল্লিখিত হিসাবে, আপনি আপনার শরীরের ক্ষমতা অনুযায়ী যে কোনও আরামদায়ক ভঙ্গি অবলম্বন করতে পারেন। সুস্থ মানুষও পদ্মাসন ব্যবহার করতে পারেন। সুখাসনে বসা ধ্যানের জন্যও উপকারী। শুধু তাই নয়, কোনও ব্যক্তি যে কোনও আরামদায়ক চেয়ারে বসে ধ্যানও অনুশীলন করতে পারেন। তবে খেয়াল রাখবেন বসার সময় মেরুদণ্ড যেন সোজা থাকে।

সময়ের নির্বাচন

আপনি যখন শান্ত এবং সতেজ বোধ করেন তখন আপনি যে কোনও সময় ধ্যান করতে পারেন। তবে ভোর, ভোরের সময় বা সন্ধ্যা, সূর্যাস্ত ধ্যানের জন্য ভাল বলে মনে করা হয়।

সূক্ষ্ম লক্ষ্য নির্বাচন

- ❖ ধ্যান করার সময় শ্বাস-প্রশ্বাস স্বাভাবিক রাখুন, চোখ বন্ধ রাখুন, নিজের লক্ষ্যে ফোকাস করুন, নিজের চিন্তাকে শান্ত করুন, নিজের আবেগকে নিয়ন্ত্রণ করুন, শরীরকে আরামদায়ক রাখুন।
- ❖ আপনি কোনও প্রতীক, ছবি ব্যবহার করে বা প্রতিধ্বনি শব্দ শুনে ধ্যান অনুশীলন করতে পারেন।
- ❖ প্রতীকী-লক্ষ্যের কয়েকটি উদাহরণ নিম্নরূপ
- ❖ ছবির মাধ্যমে আপনার প্রিয় দেব-দেবীদের দেখা।
- ❖ হৃদয় থেকে "ॐ" ধ্বনি উচ্চারণ করা।
- ❖ মনে মনে গায়ত্রী মন্ত্র জপ।

- নাকের ছিদ্র দিয়ে শ্বাস-প্রশ্বাসের অনুভূতি।

বসা এবং সময়সীমা

- ধ্যান করার সময়,
- শ্বাস-প্রশ্বাস স্বাভাবিক রাখুন,
- চোখ বন্ধ রাখো,
- আপনার লক্ষ্যের দিকে মনোনিবেশ করুন,
- আপনার চিন্তা শান্ত করুন,
- আপনার আবেগ নিয়ন্ত্রণ করুন,
- আপনার শরীরকে আরামদায়ক রাখুন।

মেডিটেশনের সময় নির্ভর করে আপনার উদ্দেশ্য, আগ্রহ ও অনুশীলনের ওপর। শুরুতে ৫ থেকে ১০ মিনিট মেডিটেশন করে আস্তে আস্তে বাড়াতে পারেন। আপনি সপ্তাহে প্রতিদিন বা তিনবার ধ্যান করতে পারেন, তবে নিয়মিততা এবং নিষ্ঠা অপরিহার্য। আমি ধ্যানকে আপনার জীবনধারা তৈরি করার এবং এটি প্রতিদিনের রুটিন হিসাবে করার পরামর্শ দেব। যেহেতু এটি আপনার দৈনন্দিন রুটিনের অংশ হয়ে উঠবে, তাই শিডিউল মেনে চলার কিছু নেই, তাই ধৈর্য ধরুন, তাড়াহুড়ো করবেন না।

কিভাবে ধ্যানের ফলাফল পরীক্ষা করবেন

ধ্যান আপনার চিন্তাভাবনা এবং কথা বলাকে সংযত করে না বরং আপনার চিন্তাভাবনা এবং কথা বলার শক্তিকে পরিপক্ক করে। আপনি ধীরে ধীরে দেখবেন প্রত্যেক মানুষের প্রতি আপনার আচরণে যেমন ইতিবাচক পরিবর্তন এসেছে তেমনি সেই মানুষটির প্রতিক্রিয়াতেও পরিবর্তন এসেছে।

এই ধ্যান (ধায়ন) কেবল ক্রমাগত অনুশীলনের মাধ্যমে সাধনা এবং সমাধির রূপ নেয় এবং তারপরে আপনি চূড়ান্ত লক্ষ্যের মুখোমুখি হন যা প্রতিটি মানুষ অর্জনের জন্য অনুশীলন করে। তবে মনে রাখবেন এটি একটি অনুশীলন এবং আপনার ফলাফলের লোভ করা উচিত নয়। এই প্রথা সমুদ্র যেভাবে মন্থন করা হয় (সাগর-মন্তন) অনুরূপ, অমৃত-পাত্র (অমৃত-কলশ) এর লক্ষ্য ছাড়াও মন্থন থেকে অনেক উপকারী জিনিস বেরিয়ে আসে। তেমনই ধ্যান, সাধনা, যোগ ও ভক্তির মার্গে অনেক কিছু পাওয়া যায় যা আমাদের জীবনকে আনন্দময় করে তোলে।

পরিশেষে, এখানে মেডিটেশনের আরও কিছু উপকারিতা রয়েছে-

- মেডিটেশন একাগ্রতা এবং স্মৃতিশক্তি উন্নত করে, যা আপনার পড়াশোনা, কাজ এবং জীবনে সাফল্যের দিকে পরিচালিত করে।

- ধ্যান আপনার মনকে শান্ত এবং সুখী করে তোলে, যার ফলে আপনি উদ্বেগ, ভয়, রাগ, উদাসীনতা, চাপ এবং অন্যান্য মানসিক সমস্যা থেকে মুক্তি পান।
- মেডিটেশনের মাধ্যমে আপনার শরীর সুস্থ ও সবল হয়ে ওঠে, যা ব্যথা, ক্লান্তি, শারীরিক দুর্বলতা ও অন্যান্য শারীরিক সমস্যা থেকে আপনাকে রক্ষা করে।
- ধ্যান আপনার মনকে উজ্জ্বল এবং বিশুদ্ধ করে, আপনাকে আত্মবিশ্বাস, উপলব্ধি, আনন্দ, শান্তি, ভালবাসা, সহানুভূতি, দয়া, ক্ষমা এবং অন্যান্য আধ্যাত্মিক গুণাবলী অনুভব করতে দেয়।

6

ভক্তি এবং আধ্যাত্মিকতা

1. আধ্যাত্মিকতার সঙ্গে ভক্তির সম্পর্ক কী?
2. হিন্দু ধর্মে ভক্তি এত গুরুত্বপূর্ণ কেন?
3. বৃদ্ধ বয়সেই কি ভক্তি মার্গ শুরু করা উচিত?

আমার প্রিয় পাঠক, আপনি বলতে পারেন যে ভক্তি ঈশ্বর বিশ্বাসীদের অন্তর্গত, তাহলে ধ্যান এবং আধ্যাত্মিকতার সাথে এর কী সম্পর্ক? অথবা আপনি বলতে পারেন, "উপাসনার কথাও কি আধ্যাত্মিকতার একটি শাখা হয়ে উঠছে"?

এটা ঠিক যে যোগ, কর্ম, ধ্যান, সাধনা যদি সমুদ্রের এক দিক হয়, তবে ভক্তি সমুদ্রের অন্য দিক। কিন্তু আমরা এখন জানি যে লক্ষ্য একই, পরম সুখ এবং আনন্দ অর্জন। ভক্তি এবং আধ্যাত্মিকতা একে অপরের পরিপূরক, এবং একে অপরকে প্রভাবিত করে। ভক্তি আধ্যাত্মিকতার শক্তি বাড়ায়, আর আধ্যাত্মিকতা ভক্তির গভীরতা বাড়ায়। ভক্তি ও আধ্যাত্মিকতার চূড়ান্ত লক্ষ্য একই, ঈশ্বরের উপলব্ধি। ভক্তি এবং আধ্যাত্মিকতা উভয়ই ঈশ্বর বা পরমাত্মার প্রতি ভালবাসা এবং উতসর্গের অনুভূতি।

ভক্তিতে, একজন ব্যক্তি তার প্রিয় দেবতার উপাসনা করে, তার নাম জপ করে, তার লীলাকে স্মরণ করে এবং তার আশীর্বাদের আশ্রয় নেয়। ভক্তিতে, একজন ব্যক্তি নিজেকে ঈশ্বরের দাস হিসাবে বিবেচনা করে এবং তার ইচ্ছা অনুযায়ী তার জীবন যাপন করে। যে কোনও দেবতা, শাস্ত্র এবং পাঁচটি উপাদানের প্রতি পূর্ণ বিশ্বাস ও শ্রদ্ধা রয়েছে এমন ভক্তও সেই আনন্দের লক্ষ্য অর্জন করতে পারে। ভক্তি শুধু পূজার নাম নয়, নিবিকল্প (বিকল্পহীন), নিঃস্বার্থ ও অবিচল প্রেমেরও নাম।

যখন আপনি কাউকে ভক্তির বস্তু হিসাবে বিবেচনা করেন এবং প্রতিটি শ্বাসে তাকে স্মরণ করেন, তখন আপনি সর্বদা ভক্তির মাধ্যমে সেই পরমানন্দকে অনুভব করতে পারেন। সেই অভিজ্ঞতা কখনো ভাষায় প্রকাশ করা যায় না। একজন সত্যিকারের এবং একনিষ্ঠ ভক্তের চরিত্র সর্বদা একটি ছোট শিশুর মতো হয় যে কেবল তার মায়ের সাথে থাকতে চায়। এ এক অবিচল ভালোবাসার ভক্তিমূলক অনুভূতি।

ভক্তের মনে যে কোনও সম্পর্কের আকারে ভক্তির অনুভূতি আসতে পারে। উদাহরণস্বরূপ, মীরাবাঈ কৃষ্ণকে তার স্বামী হিসাবে বিবেচনা করেছিলেন এবং দিনরাত তাঁর প্রশংসা গেয়ে সেই আনন্দময় অবস্থায় বাস করেছিলেন।

সেই একই ভক্ত চৈতন্য মহাপ্রভু, যিনি রাধার (কৃষের প্রিয়তমা) মধ্যে নিজেকে লীন করেছিলেন এবং সর্বদা কৃষ্ণের প্রতি ভক্তিতে এবং সামাজিক জীবনযাপনে মগ্ন ছিলেন।

শুধু তাই নয়, পরম ভক্ত হনুমান শ্রীরামের সঙ্গে বৈকুণ্ঠে যেতে অস্বীকার করেছিলেন কারণ তিনি শ্রীরামের স্তোত্র শুনতে পছন্দ করতেন। আর এ কারণেই তিনি পৃথিবীতে বেঁচে থাকতে চেয়েছিলেন এবং নিরন্তর ঈশ্বরের প্রতি ভক্তির চূড়ান্ত আনন্দ উপভোগ করতে চেয়েছিলেন।

ভক্তি আপনাকে আপনার অন্তরাত্মার মধ্যেও নিয়ে যায় এবং সত্যিকারের সুখ এবং শক্তি সরবরাহ করে যা আপনি কখনই বস্তুগত স্বাচ্ছন্দ্যের সাথে অনুভব করতে পারবেন না।

ভক্তি আপনাকে মানবতার সেবা করতে অনুপ্রাণিত করে কারণ ভক্ত হওয়ার পরে আপনি বুঝতে পেরেছেন যে সমস্ত জীবের আত্মা রয়েছে যা আপনার মধ্যেও উপস্থিত রয়েছে। সকলেই নিজ নিজ কর্মের মাধ্যমে সুখ-দুঃখ ভোগ করছে। ভক্তি আপনার অহংকারকে ধ্বংস করে দেয় কারণ আপনি জানতে পারেন যে চূড়ান্ত সুখ বাইরে নয় তবে আপনার মধ্যে রয়েছে। ভক্তি আপনার মধ্যে উদারতা এবং উচ্চ মূল্যবোধ নিয়ে আসে এবং এটি আপনাকে সামাজিক সুখ অনুভব করতে সহায়তা করে। ভক্তি আপনার প্রতি অপরিসীম বিশ্বাস তৈরি করে যার কারণে আপনি সর্বদা এমনকি কঠিনতম পরিস্থিতিতেও লড়াই করার ক্ষমতা রাখেন। একজন প্রকৃত ভক্ত অন্যের দুঃখের মধ্যে দুঃখ অনুভব করেন; এবং অন্যের সুখে সুখী থাকে। তবেই তিনি সাধু হন।

ভারতের কিছু মহান সাধু

1. চৈতন্য মহাপ্রভু

চৈতন্য মহাপ্রভু সম্পর্কে কথায় কথায় বলা সহজ কাজ নয়, কারণ তাঁর জীবন ও কৃতিত্ব এত বিশাল ও গভীর যে একটি সংক্ষিপ্ত প্রবন্ধে সেগুলি আবরণ করা অসম্ভব। তারপরও চেষ্টা করবো তাদের সম্পর্কে কিছু গুরুত্বপূর্ণ কথা বলতে।

চৈতন্য মহাপ্রভু ছিলেন পঞ্চদশ শতাব্দীর একজন হিন্দু সাধক ও আধ্যাত্মিক নেতা যিনি গৌড়ীয় বৈষ্ণবধর্ম আন্দোলনের প্রতিষ্ঠাতা ছিলেন। তাঁর অনুগামীরা তাঁকে ভগবান শ্রীকৃষ্ণ ও রাধার অবতার হিসাবে বিবেচনা করেন। চৈতন্য মহাপ্রভু (ফেব্রুয়ারি ১৮, ১৪৮৬-১৫৩৪) বৈষ্ণব ধর্মের ভক্তিযোগের চূড়ান্ত প্রচারক এবং ভক্তি যুগের অন্যতম প্রধান কবি। তিনি হরে কৃষ্ণ মন্ত্র জপকে জনপ্রিয় করে তোলেন এবং সংস্কৃতে আটটি শ্লোকের প্রার্থনা 'শিক্ষাস্তম্ক' রচনা করেন। তিনি অচিন্ত্য ভেদ অভেদ দর্শনও শিখিয়েছিলেন, যার অর্থ ঈশ্বর এবং তাঁর শক্তির মধ্যে "অকল্পনীয় একত্ব এবং পার্থক্য"।

তিনি তাঁর শিক্ষা প্রচার ও কীর্তন সম্পাদন করে ভারতের সর্বত্র ব্যাপকভাবে ভ্রমণ করেন। তিনি বৈষ্ণবদের গৌড়ীয় সম্প্রদায়ের ভিত্তিপ্রস্তর স্থাপন করেছিলেন, ভজন গাওয়ার একটি নতুন শৈলীর জন্ম দিয়েছিলেন এবং রাজনৈতিক

অস্থিতিশীলতার দিনগুলিতে হিন্দু-মুসলিম ঐক্যের সদিচ্ছাকে শক্তিশালী করেছিলেন, বর্ণভেদ, উঁচু-নিচু অনুভূতি দূর করতে শিখিয়েছিলেন এবং বিলুপ্ত বৃন্দাবনকে পুনঃপ্রতিষ্ঠা করেছিলেন এবং তাঁর জীবনের শেষ অংশটি সেখানেই কাটিয়েছিলেন।

তিনি পশ্চিমবঙ্গের নবাদ্বীপ (নদীয়া) নামে একটি গ্রামে জন্মগ্রহণ করেন, যা বর্তমানে মায়াপুর নামে পরিচিত। সিংহ রাশিতে চন্দ্রগ্রহণের সময় সন্ধ্যায় তাঁর জন্ম হয়। তখন অনেকে শুদ্ধিকরণের আকাঙ্ক্ষায় হরিনাম (ভগবান বিষ্ণুর নাম জপ) করে গঙ্গায় স্নান করতে যাচ্ছিলেন। তখন পণ্ডিত ব্রাহ্মণগণ তাঁর কুণ্ডলীতে গ্রহ-নক্ষত্র এবং তৎকালীন উপস্থিত অশুভ লক্ষণসমূহ বিবেচনায় নিয়ে ভবিষ্যদ্বাণী করলেন যে, এই শিশু সারাজীবন হরিনাম প্রচার করবে।

শৈশবে তাঁর নাম ছিল বিশ্বম্ভর, তবে সবাই তাকে নিমাই বলে ডাকত কারণ বলা হয় যে তাকে একটি নিম গাছের নীচে পাওয়া গিয়েছিল (আজাদিরাচটা ইন্ডিকা)। গায়ের রং ফর্সা হওয়ায় লোকে তাকে গৌরাঙ্গ (যার গায়ের রঙ সোনালি), গৌড় হরি, গৌড় সুন্দর ইত্যাদি নামেও ডাকতো। তাঁর পিতার নাম জগন্নাথ মিশ্র এবং মাতার নাম শচী দেবী।

ছোটবেলা থেকেই নিমাই অসাধারণ মেধাবী। একই সঙ্গে তিনি ছিলেন অত্যন্ত সহজ-সরল, সুন্দর ও আবেগপ্রবণ। তাদের পরিবেশিত লীলা দেখে সবাই অবাক হয়ে গেল। খুব অল্প বয়সেই নিমাই ন্যায়বিচার ও ব্যাকরণে দক্ষ হয়ে ওঠেন। নিমাই

ঈশ্বরের ধ্যানে মগ্ন থেকে রাম ও কৃষ্ণের গুণগান গাইতে লাগল। তিনি তাঁর জীবনের শেষ ১৮ বছর পুরীতে কাটিয়েছিলেন, যেখানে তিনি ১৫৩৪ সালে মারা যান।

2. মীরাবাঈ

মীরাবাঈয়ের জীবন ও কৃতিত্ব এত বিশাল এবং গভীর যে আবার একটি সংক্ষিপ্ত প্রবন্ধে সেগুলি আবরণ করা অসম্ভব।

মেরাবাঈ (১৪৯৮-১৫৪৭) ছিলেন ষোড়শ শতাব্দীর একজন কৃষ্ণভক্ত ও কবি। তিনি ভক্তি আন্দোলনের অন্যতম জনপ্রিয় ভক্তি সাধক ছিলেন। ভগবান কৃষ্ণকে উতসর্গীকৃত তাঁর স্তোত্রগুলি এখনও উত্তর ভারতে খুব জনপ্রিয় এবং ভক্তির সাথে গাওয়া হয়।

রাজস্থানের এক রাজপরিবারে জন্ম মেরাবাঈয়ের। মেরাবাঈয়ের বাবার নাম ছিল রতন সিং এবং তিনি যোধপুর-প্রতিষ্ঠাতা রাও যোধার প্রপৌত্রী ছিলেন। শৈশবেই তাঁর মা মারা যান, তাই তিনি তাঁর দাদা রাও যোধা জির সঙ্গে থাকতেন। দাদার কাছে থেকে প্রাথমিক শিক্ষাও পেয়েছেন তিনি। রভদাজি অত্যন্ত ধার্মিক ও উদার প্রকৃতির ছিলেন যা মীরাবাঈয়ের জীবনে সম্পূর্ণ প্রভাব ফেলেছিল। ছোটবেলা থেকেই কৃষ্ণের ভক্ত ছিলেন মেরাবাঈ।

মেরাবাঈ মেওয়ারের সিসোদিয়া রাজপরিবারে বিবাহ বন্ধনে আবদ্ধ হন। তাঁর স্বামী ছিলেন চিতোরগড়ের মহারাজা ভোজরাজ, যিনি মেওয়ারের মহারানা সাঙ্গার পুত্র ছিলেন। বিয়ের কিছুদিন পর তার স্বামী মারা যান। তার স্বামীর মৃত্যুর পর তার সাথে সতী* করার চেষ্টা করা হয়েছিল, কিন্তু মীরাবাঈ এর জন্য প্রস্তুত ছিলেন না। মীরাবাঈয়ের অনুপস্থিতিতে চিতোরে

মীরাবাঈয়ের স্বামীর শেষকৃত্য সম্পন্ন হয়। স্বামীর মৃত্যুর পরও মীরাবাঈ মাতা তার মেকআপ খোলেননি, কারণ তিনি ভগবান কৃষ্ণ (গিরধর) কে স্বামী মনে করতেন।

মীরাবাঈ ঋষি ও সাধুদের সাহচর্যে হরিকীর্তন (ভক্তিমূলক গান) করে তাঁর সময় কাটাতে শুরু করেছিলেন। স্বামীর মৃত্যুর পর দিন দিন তার ভক্তি বাড়তে থাকে। তিনি মন্দিরে যেতেন এবং সেখানে উপস্থিত কৃষ্ণ ভক্তদের সামনে কৃষ্ণের মূর্তির সামনে নৃত্য করতেন। কৃষ্ণের প্রতি ভক্তিতে মীরাবাঈয়ের নাচ-গান রাজপরিবার পছন্দ করত না। বেশ কয়েকবার মীরাবাঈকে বিষ খাইয়ে মেরে ফেলার চেষ্টা করে সে। পরিবারের সদস্যদের এই ধরনের আচরণে তিনি বিরক্ত হয়ে দ্বারকা ও বৃন্দাবনে চলে যান। তিনি যেখানেই যেতেন, ভক্তরা তাকে সম্মান করতেন। ভক্তরা তাকে দেবীর মতো স্নেহ ও শ্রদ্ধা করতেন।

*সতীপ্রথা একটি খারাপ হিন্দু রীতি ছিল যেখানে মৃত ব্যক্তির বিধবা স্ত্রী তার চিতায় বসে স্বেচ্ছায় আত্মাহুতি দিতেন। প্রাচীনকালে সতীদাহ প্রথা স্বেচ্ছাসেবী ছিল, তবে মধ্যযুগে এটি কিছু বিধবাদের উপর চাপিয়ে দেওয়া হতে পারে। পরে তা পুরোপুরি নির্মূল করা হয়।

3. সাধু তুকারাম

তুকারাম (১৫৯৮-১৬৫০) ছিলেন মহারাষ্ট্রের ভারকারি সম্প্রদায়ের একজন বিশিষ্ট সাধক ও কবি। তিনি ভগবান বিট্ ঠল বা বিঠোবার মহান ভক্ত ছিলেন, যাঁকে বিষ্ণুর অবতার বলে মনে করা হয়। তিনি তাঁর ভাষণ ও কীর্তনের মাধ্যমে ভক্তি ও সাম্যের বাণী দিতেন। তাঁর অভঙ্গিতে তিনি তাঁর জীবনের প্রতিকূলতা, আনন্দ, আত্মদর্শন এবং ঈশ্বরের প্রতি ভালবাসা প্রকাশ করেছেন। তাঁর অভঙ্গগুলি মারাঠি ভাষার অমূল্য রত্ন হিসাবে বিবেচিত হয়।

তুকারাম পুনের নিকটবর্তী দেহু গ্রামের একটি কুনবি পরিবারে জন্মগ্রহণ করেছিলেন। তার পিতার নাম বলহোবা এবং মাতার নাম কনকৈ। তার বাবা ছিলেন একজন ব্যবসায়ী ও কৃষক। তাঁর পরিবারে বিট্ ঠলের পুজো করার রীতি ছিল। শৈশবেই তার বাবা-মা মারা যান। তিনি তার ভাই সন্তোবার সাথে পারিবারিক ব্যবসায়ের দায়িত্ব নিয়েছিলেন। তিনি দু'বার বিয়ে করেছিলেন। তাঁর প্রথম স্ত্রী ছিলেন রাখুমাবাঈ এবং দ্বিতীয় স্ত্রী ছিলেন অবলিবাঈ। তার তিন সন্তান ছিল।

তুকারামকে জীবনে অনেক কষ্টের সম্মুখীন হতে হয়েছে। তার প্রথম স্ত্রী ও এক ছেলে দুর্ভিক্ষে মারা যায়। দ্বিতীয় স্ত্রীর সঙ্গে তার মতবিরোধ ছিল। তার ব্যবসাও লোকসানে চলে যায়। সামাজিক ও পারিবারিক কর্তব্যের মধ্যে তার নিষ্ঠা বজায় রাখতে অসুবিধা হচ্ছিল। এমনকি নিজ সমাজের মানুষের কাছ

থেকেও সমালোচনা ও উপহাসের সম্মুখীন হতে হয়েছে তাকে। তাঁর গুরু বাবাজির অনুপ্রেরণায় তিনি তাঁর সমস্ত সমস্যা ঈশ্বরের হাতে সমর্পণ করেছিলেন।

তুকারাম তাঁর জীবনের বেশিরভাগ সময় ঈশ্বরের নাম জপ করে, স্তোত্র, কীর্তন এবং অভঙ্গ লিখে কাটিয়েছিলেন। তিনি তাঁর অভিজ্ঞতা, চিন্তাভাবনা, অনুভূতি ও শিক্ষা তাঁর অভঙ্গুরে প্রকাশ করেছেন। তাঁর অভঙ্গগুলিতে বেদান্ত, যোগ, ভক্তি, জ্ঞান, কর্ম, ভাগ্য, নির্গুণ, সগুণ, অদ্বৈত, দ্বৈত, বিশিষ্টাদ্বৈত প্রভৃতি দর্শনের সমন্বয় রয়েছে। তাঁর অভঙ্গগুলিতে তিনি ঈশ্বরের সাথে তাঁর অন্তরঙ্গ কথোপকথনকে চিত্রিত করেছেন। তারা আল্লাহকে তাদের বন্ধু, সঙ্গী, প্রিয়তমা, স্বামী, পিতা, মাতা, গুরু, রক্ষাকর্তা, আশ্রয়, কর্তা ইত্যাদি বলে অভিহিত করেছে।

4. রামকৃষ্ণ পরমহংস

রামকৃষ্ণ পরমহংস, উনিশ শতকের একজন হিন্দু সাধক এবং রামকৃষ্ণ সন্ন্যাসীদের রামকৃষ্ণ সংঘের প্রতিষ্ঠাতা। তিনি রামকৃষ্ণ আন্দোলনের আধ্যাত্মিক প্রতিষ্ঠাতা হিসাবে বিবেচিত, যার লক্ষ্য সর্বজনীন সম্প্রীতি এবং মানবতার সেবার তাঁর শিক্ষা ছড়িয়ে দেওয়া। তিনি আধুনিক ভারতের অন্যতম প্রভাবশালী আধ্যাত্মিক নেতা স্বামী বিবেকানন্দের গুরুও ছিলেন।

রামকৃষ্ণ পরমহংসদেব ১৮৩৬ সালে বাংলার কামারপুকুর গ্রামে জন্মগ্রহণ করেন। অল্প বয়স থেকেই তাঁর একটি রহস্যময় মেজাজ ছিল এবং বিভিন্ন ধরণের ভক্তি ও উপাসনার প্রতি আকৃষ্ট হয়েছিল। তিনি কলকাতার দক্ষিণেশ্বর কালীমন্দিরে পুরোহিত হয়েছিলেন, যেখানে তিনি তন্ত্র, বৈষ্ণবধর্ম এবং অদ্বৈত বেদান্তের মতো হিন্দুধর্মের বিভিন্ন পথ অনুশীলন করেছিলেন। অন্যান্য ধর্ম যেমন ইসলাম ও খ্রিস্টান ধর্ম সম্পর্কেও তার অভিজ্ঞতা ছিল এবং তিনি দৃঢ়তার সাথে বলেছিলেন যে সকল ধর্ম একই ঈশ্বরের দিকে পরিচালিত করে।

পণ্ডিত, শিল্পী, সমাজ সংস্কারক এবং ধর্মানুরাগী সহ তাঁর সংস্পর্শে আসা অনেক লোকের উপর রামকৃষ্ণ পরমহংসের গভীর প্রভাব ছিল। তিনি একদল তরুণ শিষ্যকে আকৃষ্ট করেছিলেন যারা পরে রামকৃষ্ণ সংঘের সন্ন্যাসী হয়েছিলেন। তাঁর

একজন আধ্যাত্মিক সঙ্গিনীও ছিল, সারদা দেবী, যিনি তাঁর অনুগামীদের দ্বারা পবিত্র মা হিসাবে সম্মানিত।

- রামকৃষ্ণ পরমহংস জীবনের অধিকাংশ সময় ঈশ্বরের নাম জপ, কীর্তন ও অভঙ্গ রচনা করে কাটিয়েছেন।
- রামকৃষ্ণ পরমহংসের শিক্ষায় নিম্নলিখিত বিষয়গুলি উল্লেখযোগ্য:
- ঈশ্বর ছাড়া জীবন অসম্পূর্ণ। আল্লাহই জীবনের ভিত্তি, আশ্রয় ও আনন্দ।
- ঈশ্বরের প্রতি নিঃস্বার্থ, নির্ভীক ও বিশুদ্ধ ভক্তি থাকতে হবে। ভক্তির ফল ঈশ্বরদর্শন।
- ঈশ্বরের নাম স্মরণ করা এবং তাঁর প্রশংসা গাওয়া ভক্তির একটি সহজ এবং মনোরম উপায়।
- ঈশ্বরের জন্য সবকিছু ত্যাগ করতে হবে এবং তাঁর ইচ্ছা অনুযায়ী জীবনযাপন করতে হবে। আল্লাহর ইচ্ছাই সর্বোত্তম।
- ভগবানের ভক্তদের সেবা করা উচিত এবং তাদের সাহচর্যে থাকা উচিত। ভক্তদের সেবা করা মানে ভগবানের সেবা করা।
- সব ধর্মকে সম্মান করতে হবে, তার মর্মবাণী জানতে হবে। সকল ধর্মের লক্ষ্য ঈশ্বরের লাভ।

- সমস্ত জীবিত প্রাণীর সাথে সমান এবং সহানুভূতিশীল আচরণ করা উচিত। সমস্ত জীবের মধ্যে ঈশ্বরের একটি অংশ রয়েছে।
- সত্য, অহিংসা, শান্তি, সহিষ্ণুতা, নম্রতা, পবিত্রতা, তপস্যা, বিশ্বাস, বিচক্ষণতা, ত্যাগ ইত্যাদি সাধনার গুণ। এই গুণগুলো মেনে চলতে হবে।
- দুঃখ, দুঃখ, ভয়, লোভ, ক্রোধ, আসক্তি, অহং, হিংসা, ঘৃণা, আসক্তি ইত্যাদি দুনিয়াতে পাপ আছে। এসব ত্রুটি-বিচ্যুতি থেকে মুক্ত থাকতে হবে।
- ঈশ্বর ছাড়া কিছুই নেই। আল্লাহই সবকিছু।

পাঠকদের জন্য প্রশ্ন

- প্রিয় পাঠক, আপনি কি কখনো আত্মসমীক্ষা করেছেন? যদি তা না হয় তবে আপনার প্রতিদিনের রুটিন থেকে কিছুটা সময় বের করে এটি চেষ্টা করুন এবং বইয়ের শেষে দেওয়া নোট বিভাগে আপনার অভিজ্ঞতা লিখুন।
- আমি নিচে কিছু পয়েন্ট দিচ্ছি যা আপনাদের কাজে লাগবে।
- ভেবে দেখুন কোন গুণগুলো আপনাকে সবচেয়ে বেশি মুগ্ধ করে?
- আপনি কি কখনও ধ্যানের ভঙ্গিতে বসেছেন?
- কখন আপনার মনে হয়েছে যে আপনি অন্যদের আঘাত করেছেন?
- চিরন্তন সুখের কোন উপায়টি আপনি প্রথমে গ্রহণ করতে চান?

সাধারণ যোগ ভঙ্গি

সাধারণ ধ্যান ভঙ্গি

ধ্যানের চিহ্ন

1. আইকন

2. মন্ত্র

3. নাম-জপ

রাম রাম রাম রাম রাম

রাম রাম রাম রাম রাম

রাম রাম রাম রাম রাম

রাম রাম রাম রাম রাম

রাম রাম রাম রাম রাম

রাম রাম রাম রাম রাম

রাম রাম রাম রাম রাম

রাম রাম রাম রাম রাম

সেল্ফ প্র্যাকটিস শীট- ১

দৈনিক যোগ সূচি

(প্রতিদিন 30 মিনিট, 3 মাস)

প্রথম মাসের নাম ________________

1	2	3	4	5	6	7
8	9	10	11	12	13	14
15	16	17	18	19	20	21
22	23	24	25	26	27	28
29	30	31				

(অভ্যাস শেষ হওয়ার পর তারিখে ✓ করুন)

দৈনিক যোগ সূচি

দৈনিক যোগ সূচি

(প্রতিদিন 30 মিনিট, 3 মাস)

দ্বিতীয় মাসের নাম ________________

1	2	3	4	5	6	7
8	9	10	11	12	13	14
15	16	17	18	19	20	21
22	23	24	25	26	27	28
29	30	31				

(অভ্যাস শেষ হওয়ার পর তারিখে ✓ করুন)

দৈনিক যোগ সূচি

দৈনিক যোগ সূচি

(প্রতিদিন 30 মিনিট, 3 মাস)

তৃতীয় মাসের নাম ____________________

1	2	3	4	5	6	7
8	9	10	11	12	13	14
15	16	17	18	19	20	21
22	23	24	25	26	27	28
29	30	31				

(অভ্যাস শেষ হওয়ার পর তারিখে ✓ করুন)

সেলফ প্র্যাকটিস শীট - 2

দৈনিক ধ্যানের সময়সূচী

(দৈনিক 10 মিনিট, 3 মাস)

প্রথম মাসের নাম ________________

1	2	3	4	5	6	7
8	9	10	11	12	13	14
15	16	17	18	19	20	21
22	23	24	25	26	27	28
29	30	31				

(অভ্যাস শেষ হওয়ার পর তারিখে ✓ করুন)

দৈনিক ধ্যানের সময়সূচী

(প্রতিদিন 15 মিনিট, 3 মাস)

দ্বিতীয় মাসের নাম ____________

1	2	3	4	5	6	7
8	9	10	11	12	13	14
15	16	17	18	19	20	21
22	23	24	25	26	27	28
29	30	31				

(অভ্যাস শেষ হওয়ার পর তারিখে ✓ করুন)

দৈনিক ধ্যানের সময়সূচী

(প্রতিদিন 20 মিনিট, 3 মাস)

তৃতীয় মাসের নাম ___________

1	2	3	4	5	6	7
8	9	10	11	12	13	14
15	16	17	18	19	20	21
22	23	24	25	26	27	28
29	30	31				

(অভ্যাস শেষ হওয়ার পর তারিখে ✓ করুন)

তমোগুণ-বিজয় (2 সপ্তাহ)

দিন	রাগ হয়নি	অহংকারী না	দান করুন (জ্ঞান, পরিশ্রম, সাহায্য দ্বারা)
1			
2			
3			
4			
5			
6			
7			
8			
9			
10			

(অভ্যাস শেষ হওয়ার পর তারিখে ✓ করুন)

দিন	রাগ হয়নি	অহংকারী না	দান করুন (জ্ঞান, পরিশ্রম, সাহায্য দ্বারা)
1			
2			
3			
4			
5			
6			
7			
8			
9			
10			

(অভ্যাস শেষ হওয়ার পর তারিখে ✓ করুন)

পাঠকের নোট

✤✤✤✤✤✤

www.ingramcontent.com/pod-product-compliance
Lightning Source LLC
LaVergne TN
LVHW021159160826
845679LV00024B/2166

9798892771467